Enjoy coloring and learning about the city of Montreal

Montreal is a vibrant, multicultural city that does not sleep. Fiercely proud of their French culture, Montrealers also revel in celebrating the many cultures that make up its 4 million residents. World renowned events such the Jazz Festival and Just for Laughs are some of the more than 90 festivals that welcome visitors from all over the world. Not to mention the charm and beauty of Old Montreal which transports you through time. Blending historical charm and the modern world, Montreal offers visitors cultural, sport, musical, and theatrical experiences that are second to none.

All drawings are created by hand. To enhance your enjoyment, we've included descriptions and interesting facts on the back of many drawings. I hope you find this information as interesting as I do.   – Nancy Béliveau.

Appréciez le coloriage et l'apprentissage de la ville de Montréal

Montréal est une ville dynamique et multiculturelle qui ne dort pas. Fiers de leur culture française, les Montréalais se réjouissent également de célébrer les nombreuses cultures qui composent ses 4 millions d'habitants. Des événements de renommée mondiale tels que le Festival de jazz et Juste pour rire font partie de plus de 90 festivals qui accueillent les visiteurs du monde entier. Sans oublier le charme et la beauté du Vieux-Montréal qui vous transporte dans le temps. Alliant le charme historique et le monde moderne, Montréal offre aux visiteurs des expériences culturelles, sportives, musicales et théâtrales incomparables.

Tous les dessins sont créés à la main. Pour améliorer votre plaisir, nous avons inclus des descriptions et des faits intéressants à l'arrière de certains dessins. J'espère que vous trouverez cette information aussi intéressante que moi. - Nancy Béliveau

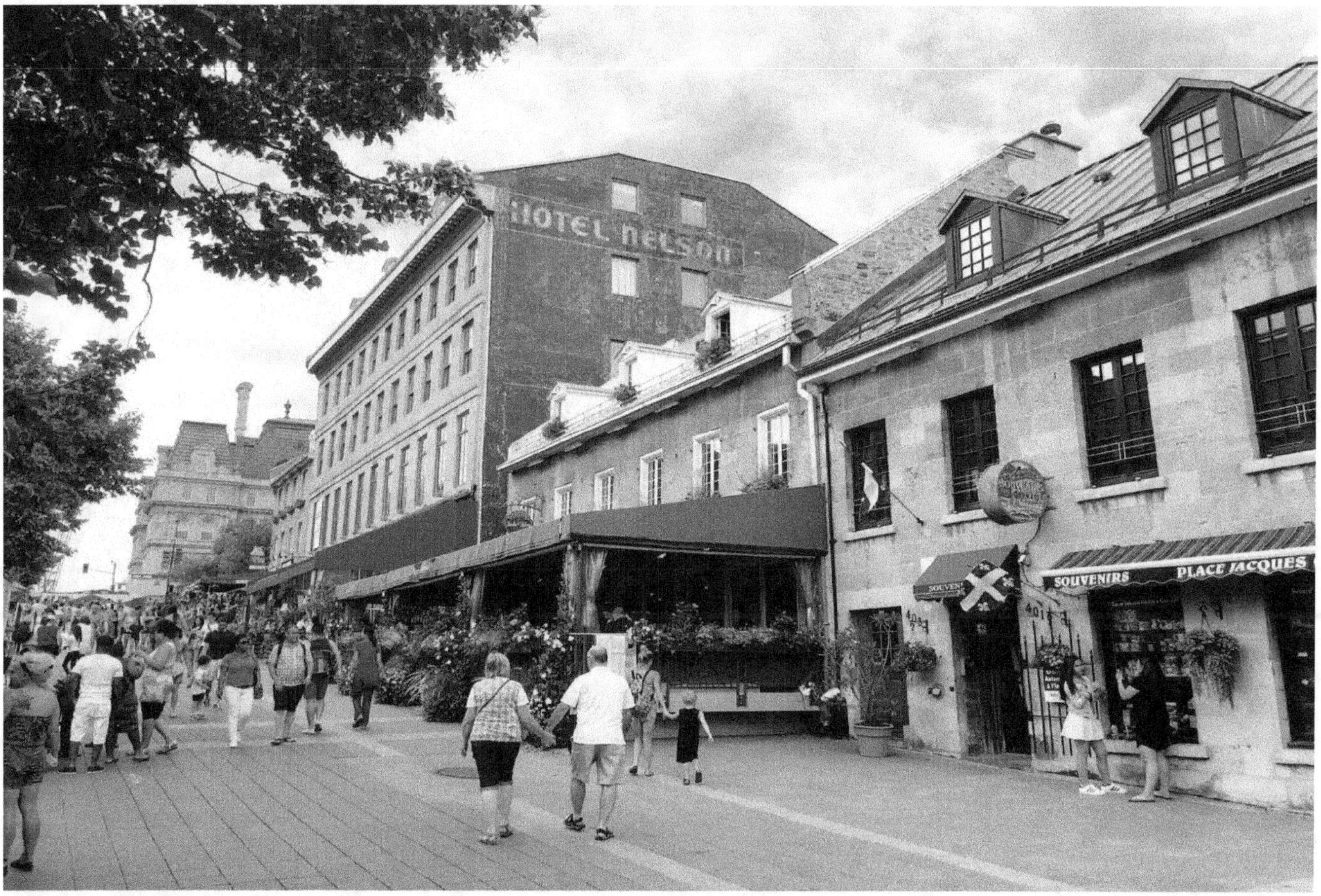

USE THIS PAGE TO TEST WHEN USING MARKERS. PUT UNDER THE DRAWING YOU COLOR
JUST TO MAKE SURE IT DOESN'T BLEED ONTO THE NEXT DRAWING WHEN YOU USE FELT,
INK OR ANY WATERBASE MARKERS.

YOU CAN USE ACRYLIC PAINT <u>WITHOUT</u> DILUDING IT IN WATER. IT WILL NOT GO THROUGH, BUT IF YOU USE SHARPIE MARKERS BECAUSE OF THE ALCOLHOL CONTENT IT GOES THROUGH THE PAGE.

The paper becomes a bit wrinkled when using acrylic paint, but it gives it a nice effect

It is recommended to test and see

UTILISEZ CETTE PAGE POUR TESTER LORS DE L'UTILISATION DE MARKEURS/FEUTRES. METTEZ-LA SOUS LE DESSIN QUE VOUS COLORIEZ POUR VOUS ASSURER QU'IL NE TRANSFERT PAS L'ENCRE SUR LE PROCHAIN DESSIN. CECI S'APPLIQUE POUR TOUT MARQUEURS, FEUTRES, OU ENCRE.

VOUS POUVEZ UTILISER LA PEINTURE ACRYLIQUE <u>SANS</u> LA DILUER DANS L'EAU, MAIS SI VOUS UTILISEZ DES MARQUEURS 'SHARPIE' EN RAISON DU CONTENU D'ALCOLHOL, LA COULEUR VA SE TRANSFÉRER SUR L'AUTRE PAGE.

Pour l'acrylique, le papier va gondoler un peu et donnera un effet intéressant

Il est recommandé de tester pour voir

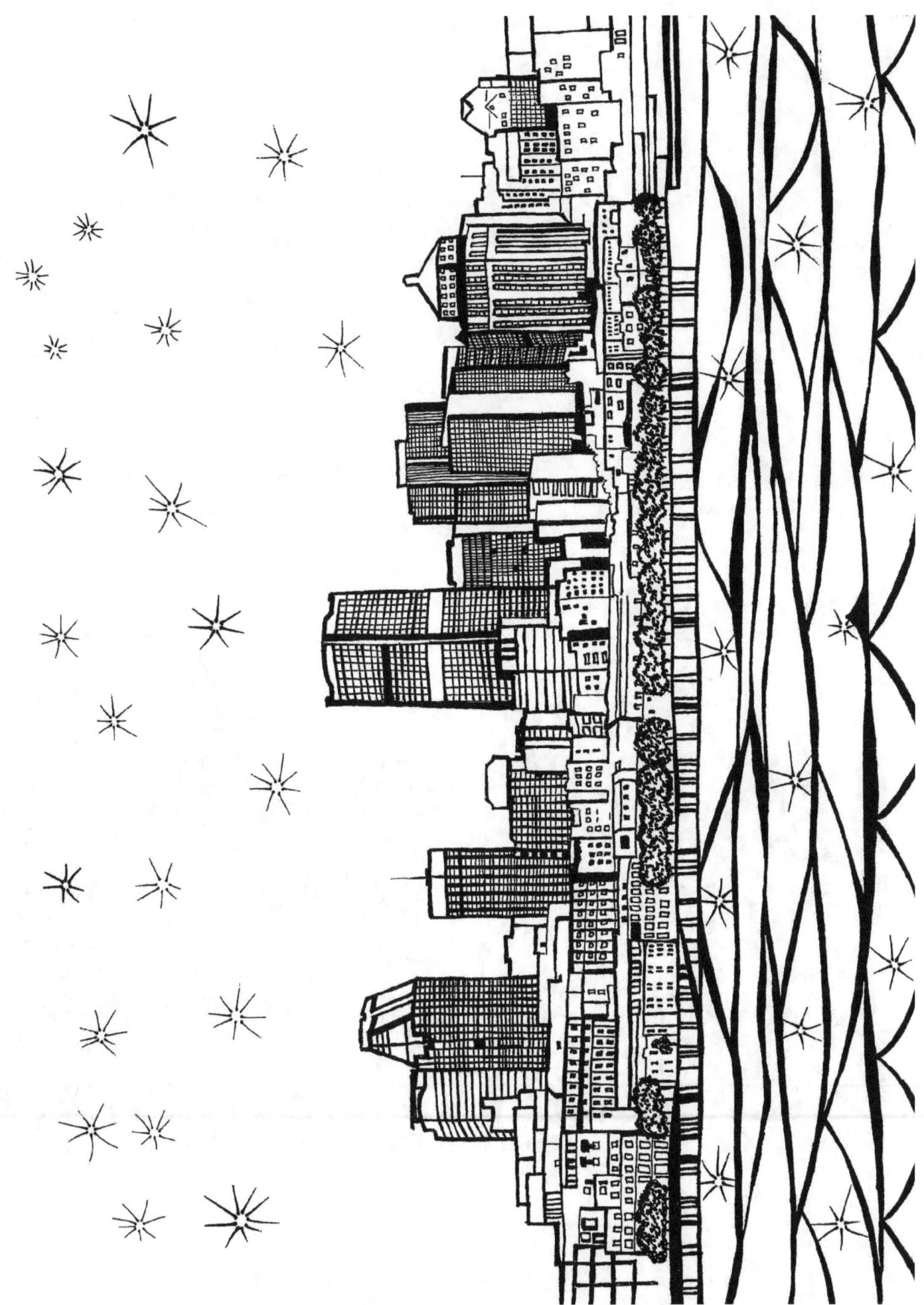

DID YOU KNOW? SAVIEZ-VOUS?

A DOG SAVED MONTREAL

In March of 1644, the Iroquois launched an attack on the settlement that was Ville-Marie, and if Montreal's leaders, weren't alerted to the assault by a dog named Pilot, the city may have never have come to be. Pilot was trained to howl when anyone came to attack the settlement, and the pup is still honoured today with the Raphaël Lambert Closse statue at the base of the monument to Paul de Chomedey at the Place d'Armes on Notre-Dame street.

UN CHIEN A SAUVÉ MONTRÉAL

En mars 1644, les Iroquois lancent une attaque contre la colonie de Ville-Marie et, si les dirigeants de Montréal n'étaient pas alertés par une chienne nommée Pilote, la ville n'existerait pas telle qu'elle existe aujourd'hui. Pilote a été entraînée à hurler quand quelqu'un vient attaquer la colonie et celle-ci est toujours honorée avec la statue de Raphaël Lambert Closse au pied du monument de Paul de Chomedey, à la place d'Armes, sur la rue Notre Dame, , dans le Vieux Port.

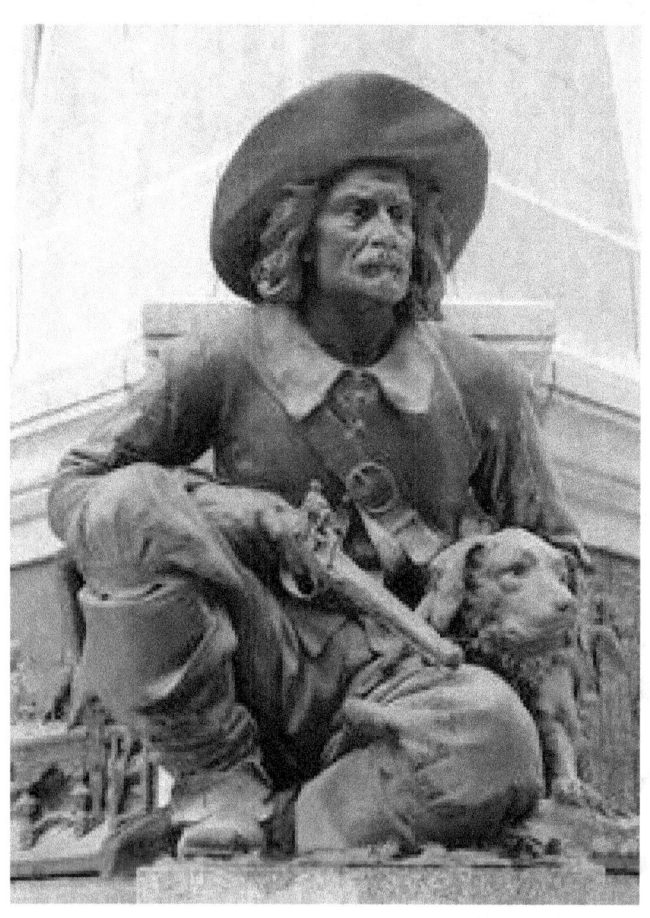
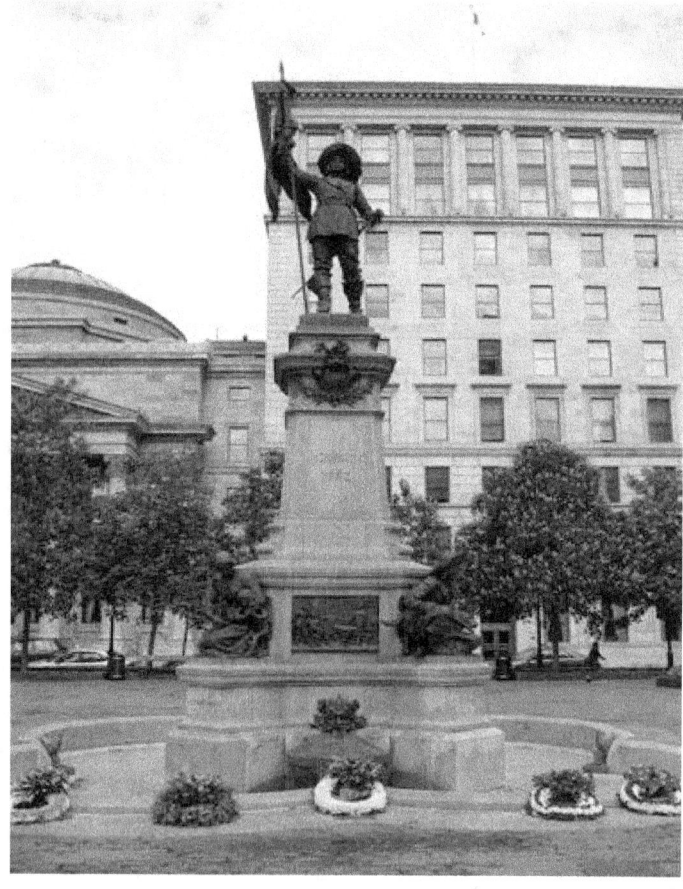

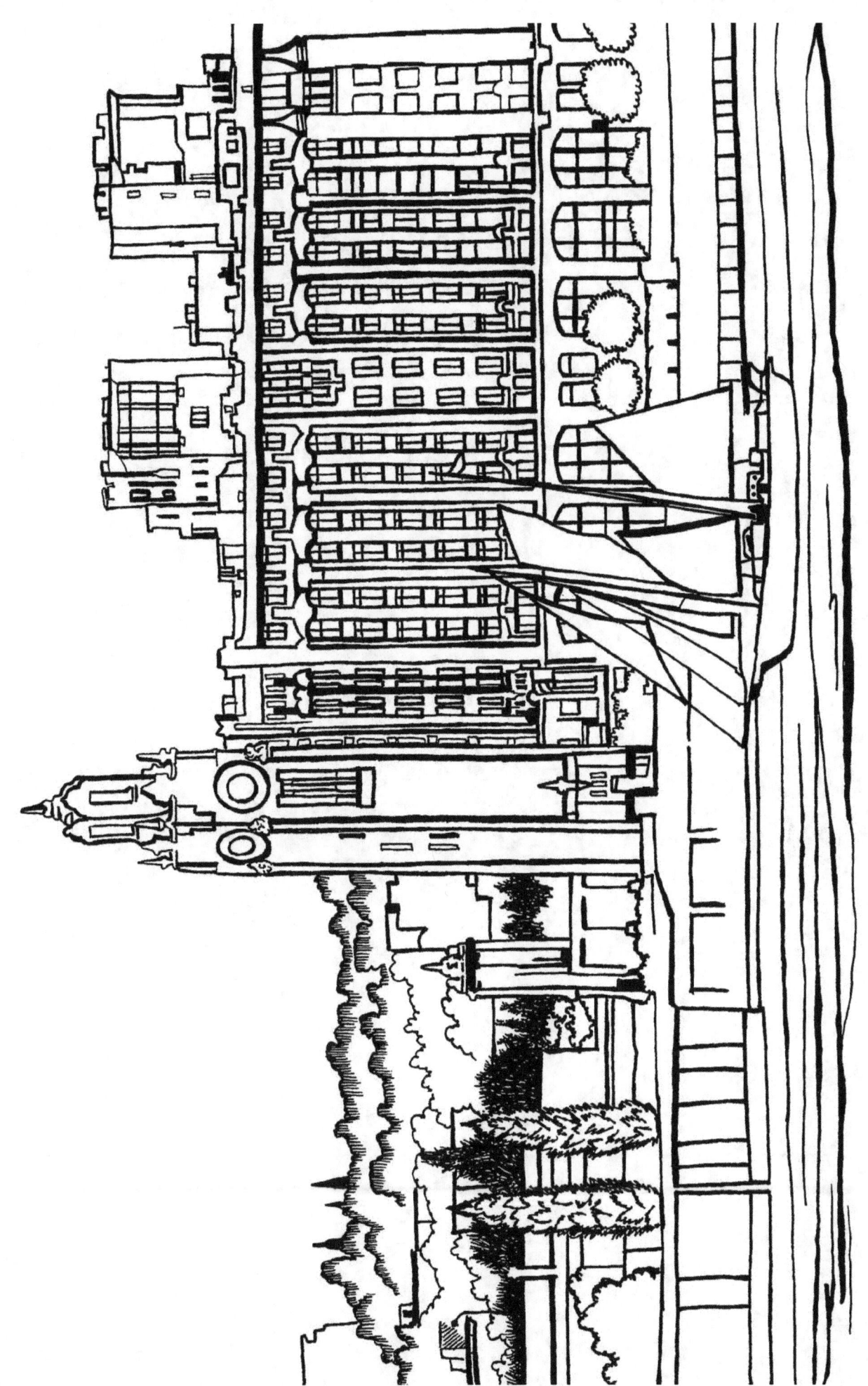

DID YOU KNOW? SAVIEZ-VOUS?

Montreal's Clock Tower

Over time, she plays all the roles: commemorate the memory of missing sailors, mark the entrance to the port, hide the nearby hangars, and of course ... indicate the time! The Clock Tower was erected between 1919 and 1922, according to plans by Montreal engineer Paul Leclaire. At 45 meters high, it marks the entrance to the harbor and serves as a commemorative monument to merchant seamen who have disappeared at sea during major world conflicts.

Its precision watchmaking mechanism was manufactured in England by Gillett and Johnston, who made a replica of the famous London Big Ben. Like Big Ben, his precision is proverbial. The navigators had also made the habit of adjusting their chronometers on its dials.

Thanks to its powerful lamp, the tower also served as a beacon for ships entering the port. Originally, it hid from view the sheds that lined the docks.

Designated as a "Federal Heritage Building" since 1996, the Clock Tower offers those who have the courage to climb its 192 steps, a spectacular view of the St. Lawrence River and the city of Montreal

La tour de l'horloge

Au fil du temps, elle joue tous les rôles : commémorer le souvenir des marins disparus, marquer l'entrée du port, cacher les hangars voisins, et bien sûr... indiquer l'heure!

La tour de l'Horloge est érigée entre 1919 et 1922, d'après des plans de l'ingénieur montréalais Paul Leclaire. Du haut de ses 45 mètres, elle marque l'entrée du port et sert de monument commémoratif dédié aux marins de la Marine marchande disparus en mer au cours des grands conflits mondiaux.

Son mécanisme d'horlogerie, d'une grande précision, a été fabriqué en Angleterre par la compagnie Gillett and Johnston, qui en a fait une réplique du fameux Big Ben de Londres. Comme Big Ben, sa précision est proverbiale. Les navigateurs avaient d'ailleurs pris l'habitude de régler leurs chronomètres sur ses cadrans. La tour de l'Horloge rythmait les activités du port au temps où la montre-bracelet n'était pas d'usage courant. On raconte même que lorsque l'horloge cessait de fonctionner, plusieurs ouvriers du port arrivaient en retard!

Grâce à sa puissante lampe, la tour servait également de phare pour les navires entrant dans le port. À l'origine, elle dissimulait à la vue les hangars qui s'alignaient sur les quais.

Monument désigné « Édifice fédéral classé du patrimoine » depuis 1996, la tour de l'Horloge offre à ceux et celles qui ont le courage de grimper ses 192 marches, une vue spectaculaire sur le fleuve Saint-Laurent et la ville de Montréal.

Interesting to do:

Located a short distance from the historical district, the Old Port of Montreal's urban beach offers a vacation atmosphere with its fine sand, chairs, parasols and refreshing mist.

In the summer from June 15th to Sept.3rd.

Intéressant à faire:

Située à une courte distance du quartier historique, la plage urbaine du Vieux-Port de Montréal offre des vacances avec ambiance et son sable fin, ses chaises, ses parasols et sa brume rafraîchissante.

En été du 15 juin - 3 septembre.

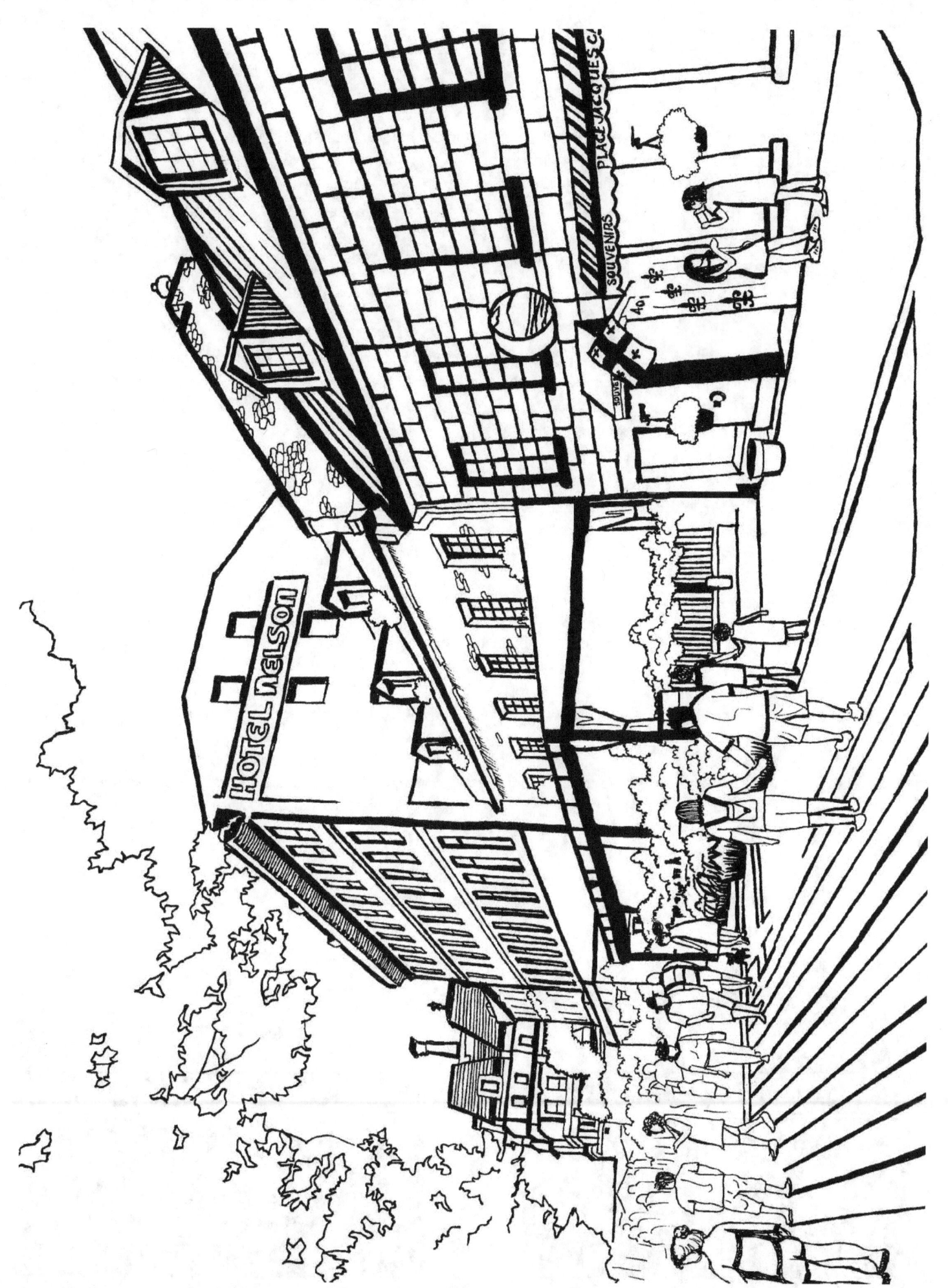

Hotel Nelson Building at Place Jacques Cartier in Old Montreal

Built in 1865 by the Prévost family.

In addition, throughout the twentieth century, a drinking establishment or restaurant at least part of the ground floor of the building. At the end of the 1980s, major restoration work and enlargement of the rear annex were made. Removed at an unknown date in the twentieth century, dormers are then rebuilt and the upper floors are converted into offices. The restaurant 'Jardin Nelson' has always been on the ground floor since 2008. At the Jardin Nelson, restaurant located on the first floor of the building since 2008, you will experience the true essence of the Old Port of Montreal. With its live music bands (Jazz and Blues) and its enchanted terrace, prepare yourself to fall in love.

Thanks to retractable awnings, parasols and pergolas, your comfort is assured. Even if it rains or the sun is too strong, the giant parasols cover the terraces so that you can continue your meal in perfect comfort.
The Jardin Nelson is particularly romantic when it rains. If you feel like enjoying a hot drink and rhythmic jazz or a cold beer and listen to live jazz band, be sure to make a stop.

Hôtel Nelson sur la place Jacques Cartier dans le Vieux-Montréal

Ce bâtiment a été construit en 1865 par la famille Prévost.

En outre, tout au long du vingtième siècle, un débarcadère ou un restaurant au moins une partie du rez-de-chaussée de l'immeuble. À la fin des années 1980, d'importants travaux de restauration et d'agrandissement ont été réalisés. Enlevées à une date inconnue au XXe siècle, les lucarnes sont ensuite reconstruites et les étages supérieurs sont transformés en bureaux. Le Nelson Garden Restaurant a toujours été sur le terrain depuis 2008. Au Jardin Nelson, un restaurant situé au premier étage de l'immeuble depuis 2008, vous découvrirez la véritable essence du Vieux-Port de Montréal. Avec ses groupes de musique live (Jazz et Blues) et ses enchantements, préparez-vous à tomber amoureux.

Grâce aux auvents rétractables, aux parapluies et aux pergolas, votre confort est assuré. Même s'il pleut ou que le soleil est trop fort, les parapluies géants recouvrent les terrasses pour que vous puissiez continuer votre repas dans un confort parfait.

Le Nelson Garden est particulièrement romantique quand il pleut. Si vous avez envie de prendre un verre, un jazz rythmé ou une bière bien fraîche et d'écouter un groupe de jazz, assurez-vous de faire un arrêt.

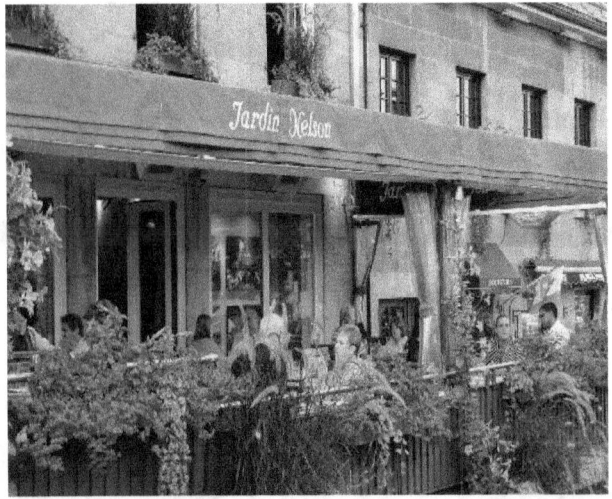
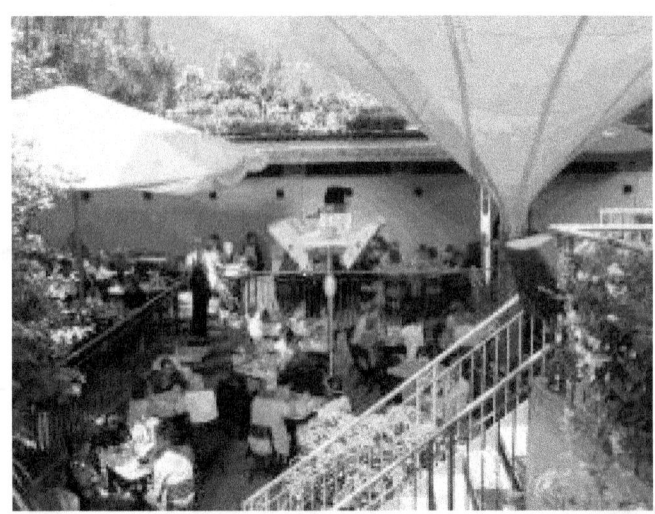

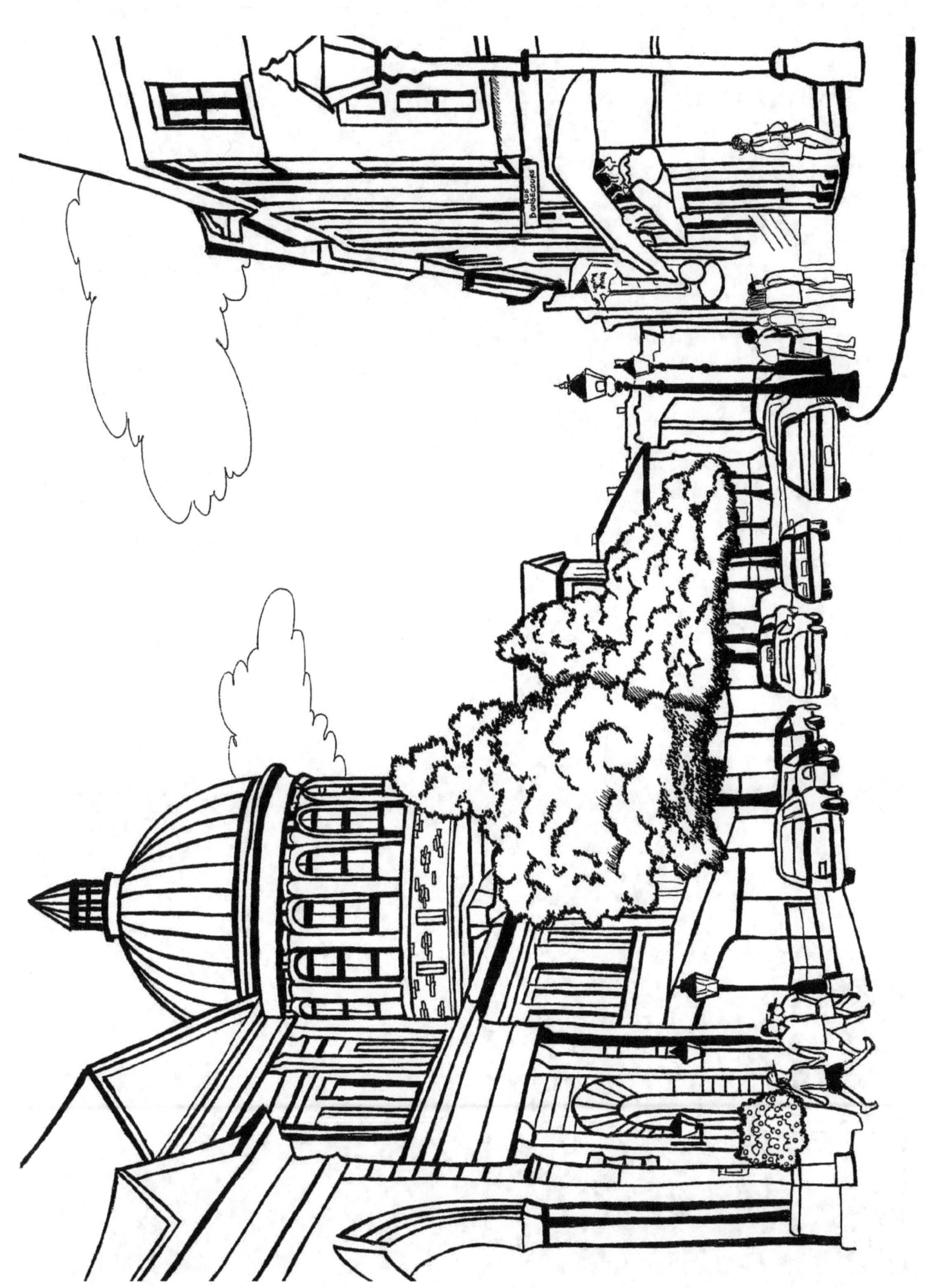

Bonsecours Market

Inaugurated in 1847, Marché Bonsecours is acknowledged as one of Canada's ten finest heritage buildings and has become an essential stop on any visit to Old Montréal.

Headquarters of the Conseil des métiers d'art du Québec (Québec Crafts Council), the Marché houses 15 boutiques featuring top-quality "made in Québec" creations: crafts, fashions, accessories and jewelry, design items, reproduction Quebec furniture and more.

Its restaurants and their terraces are opened during warm weather and offer local fare.

Open seven days a week starting at 10 a.m.

Hall Rental: Different halls are available to rent. They are suitable for events of all kinds, from banquets to trade fairs, launches, meetings, weddings and press conferences, for example.

Marché Bonsecours

Inauguré en 1847, le Marché Bonsecours est reconnu comme l'un des dix plus beaux édifices patrimoniaux du Canada et est devenu une étape incontournable de toute visite dans le Vieux-Montréal.

Siège du Conseil des métiers d'art du Québec, le Marché abrite 15 boutiques de créations « made in Québec » de qualité: artisanat, mode, accessoires et bijoux, objets de design, mobilier de reproduction québécois et plus. Ses restaurants et leurs terrasses sont ouverts par temps chaud et proposent une cuisine locale.

Ouvert sept jours sur sept à partir de 10 heures.

Location de salle : Les différentes salles sont disponibles à la location. Ils sont adaptés aux événements de toutes sortes, des banquets aux salons, aux lancements, aux réunions, aux mariages et aux conférences de presse, par exemple.

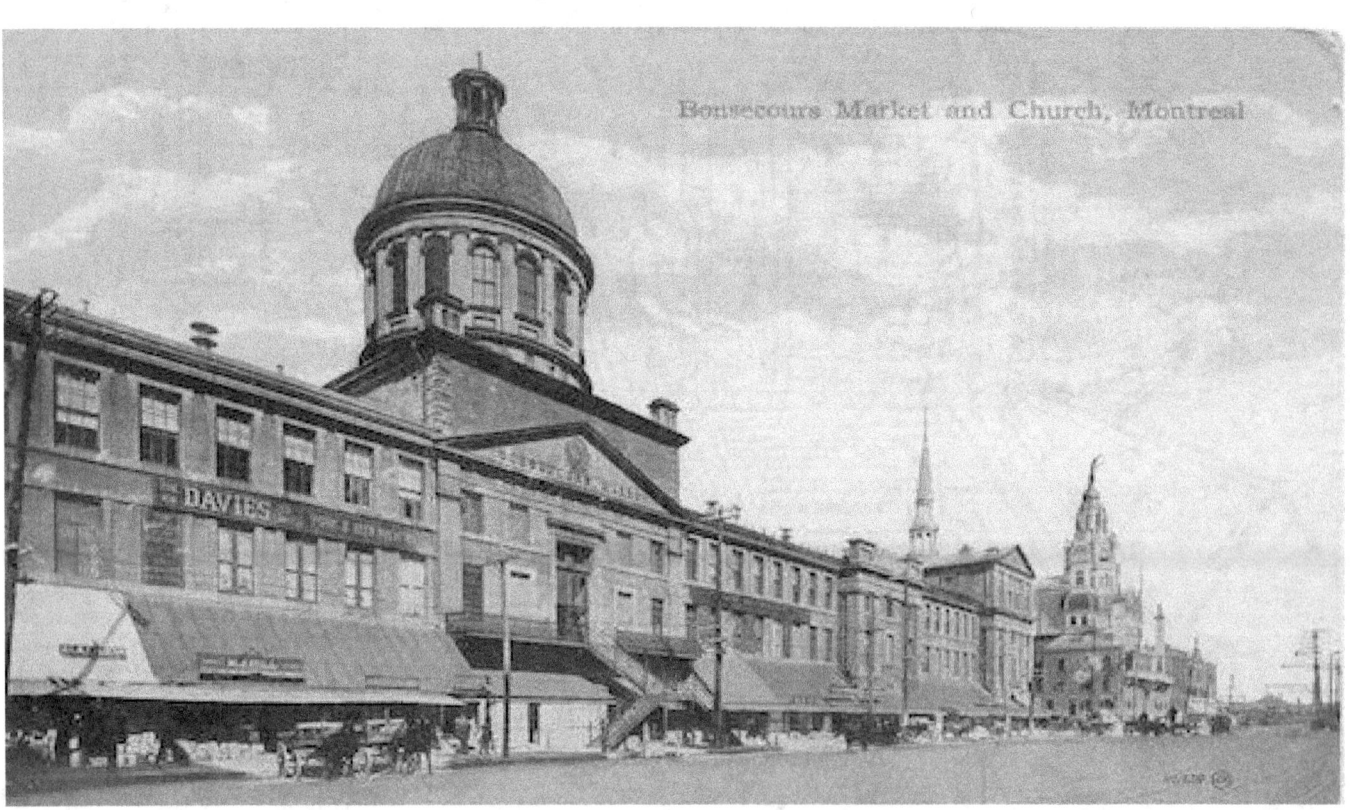

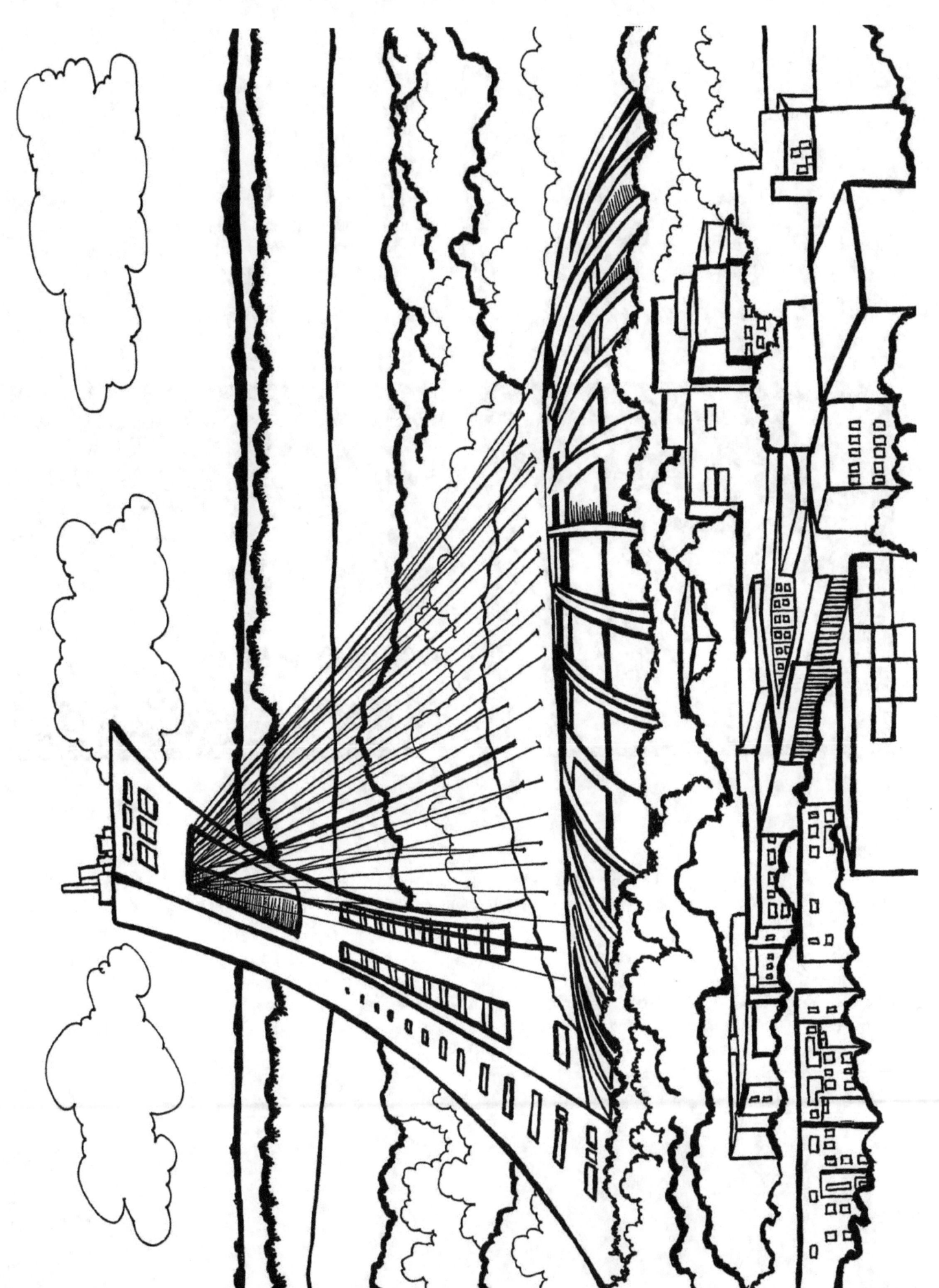

The Olympic Stadium is the largest indoor amphitheater in Quebec with 56,000 stepped seats and a possibility of 60,000 seats when the parterre is laid out.

Since its inauguration in 1976, nearly 66 million people have visited it. Designed by French architect Roger Taillibert, the Montreal Olympic Stadium is a unique monument in the world, which has become Montreal's international icon.

The events and shows that take place there are diverse and from varied horizons. Over the years, many sporting events have taken place, both professional and amateur sport. Several shows and exhibitions as well as shows of all kinds have animated this amphitheater of choice, ranging from monster truck shows to concerts of prestigious rock bands, through soccer and baseball games. The stadium is also a popular spot for film shoots.

There have been many memorable moments since the 1976 Olympics and many more are added each year.

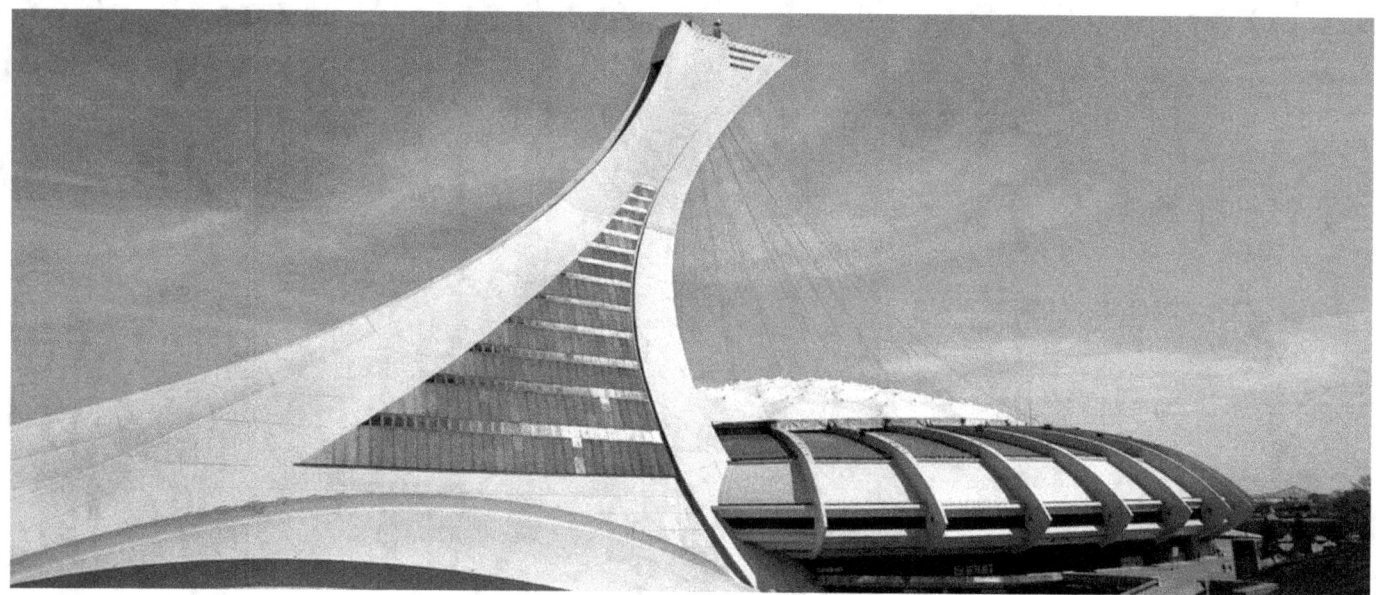

Le Stade olympique est le plus gros amphithéâtre couvert au Québec avec 56 000 sièges à gradins et une possibilité de 60 000 places lorsque le parterre est aménagé.

Depuis son inauguration en 1976, près de 66 millions de personnes l'ont visité. Conçu par l'architecte français Roger Taillibert, le Stade olympique de Montréal est un monument unique au monde, devenu l'icône de Montréal à l'international.

Les événements et spectacles qui s'y déroulent sont diversifiés et d'horizons variés. Au fil des ans, de nombreuses rencontres sportives y ont eu lieu, à la fois du sport professionnel et amateur. Plusieurs salons et expositions ainsi que des spectacles de toutes sortes ont animé cet amphithéâtre de choix, allant de spectacles de camions monstres aux concerts de groupes de rock prestigieux, en passant par des matchs de soccer et de baseball. Le Stade est également un lieu prisé pour les tournages de films.

Plusieurs moments mémorables s'y sont déroulés depuis les Jeux olympiques de 1976 et de nombreux autres s'ajoutent à ce nombre chaque année.

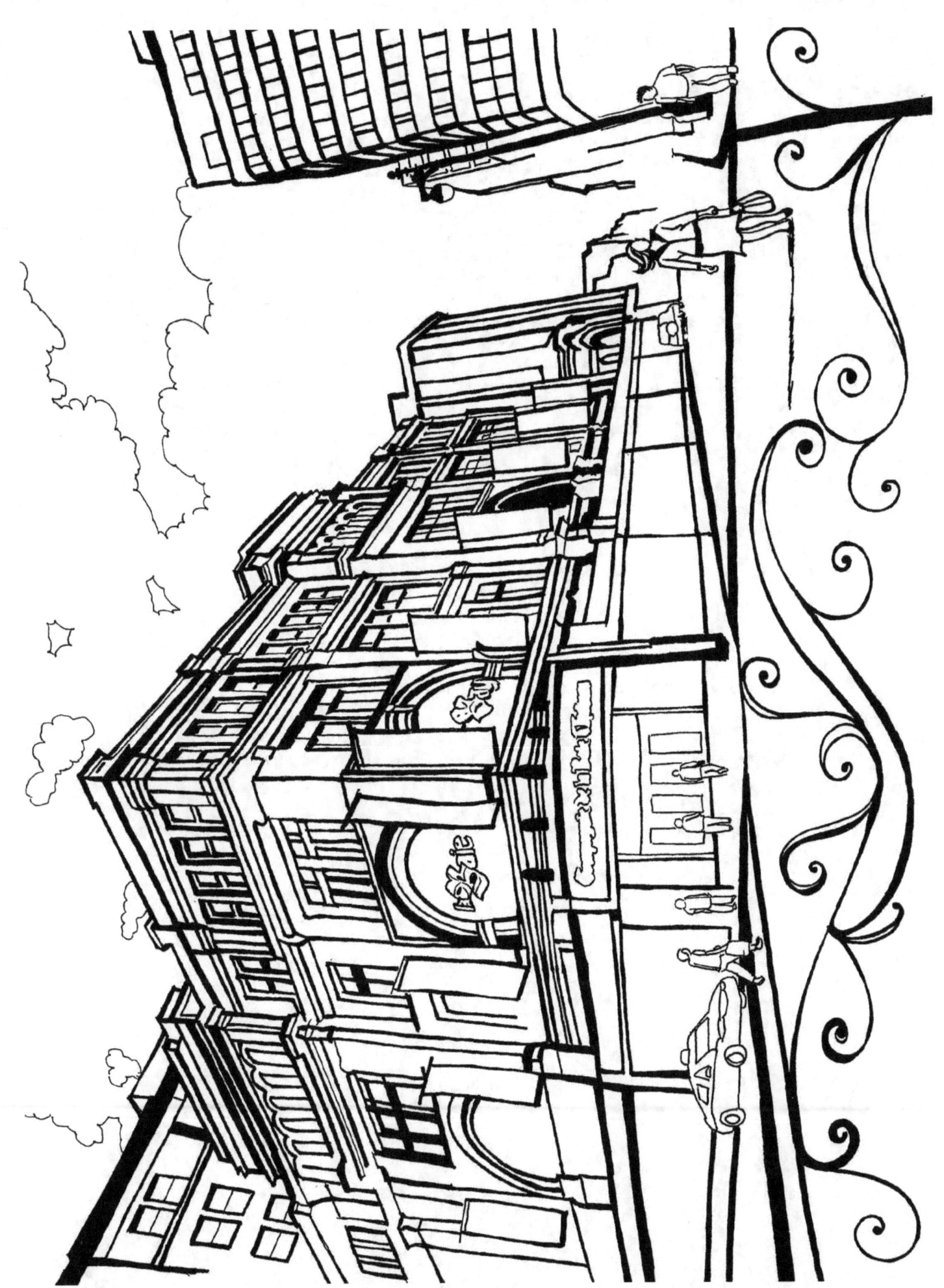

The Bay Store in Downtown Montreal

On April 21, 1891, Henry Morgan moved his clothing business from Victoria Square to a new setting on the northeast corner of Union Ave. and Ste-Catherine St. Morgan decided to erect an imposing new building on land first occupied by terrace housing. This architectural gem, known as Henry Morgan & Co. from its construction to 1972, today houses Montreal's iconic Hudson's Bay department store.

Known by many until the 1930s as 'Colonial House,' the daring 1891 project was later seen as a watershed for the development of Ste-Catherine St. into the city's vibrant commercial quarter. In fact, Morgan's gamble proved quite profitable in the end as customers flocked to the avant-garde shopping locale.

The department store expanded on a third occasion in the 1960s. Indeed, by the time of the official opening of Expo World's Fair in April of 1967, the now historic outlet (known still as Morgan's until June of 1972) had stealthily moved all the way up to de Maisonneuve Blvd.

Totally unnoticed by most are the four brass friction plates still found at eye level by the Ste-Catherine St doors. Certainly original, the plates were employed by patrons striking their wooden matches as they left the nineteenth century department store. The plates identified in English only with the word "matches," men (very few women smoked publicly at the time) would light up as they stepped from the store onto the street.

Source: Robert N. Wilkins is a local historian and freelance writer.

Le 21 avril 1891, Henry Morgan déménagea son commerce de vêtements de Victoria Square dans un nouvel emplacement au coin nord-est de l'avenue Union. et la rue Ste-Catherine. Morgan a décidé d'ériger un nouveau bâtiment imposant sur un terrain d'abord occupé par une terrasse.

Ce joyau architectural, connu sous le nom de Henry Morgan & Co. depuis sa construction en 1972, abrite aujourd'hui l'emblématique grand magasin de la baie d'Hudson à Montréal.

Connu jusque dans les années 1930 sous le nom de « Maison coloniale », le projet audacieux de 1891 a par la suite été considéré comme un tournant pour le développement de la rue Ste-Catherine dans le quartier commercial dynamique de la ville.

Le grand magasin s'est développé une troisième fois, cette fois dans les années 1960. En effet, au moment de l'ouverture officielle de l'Expo World 's Fair en avril 1967, le centre historique (connu sous le nom de Morgan jusqu'en juin 1972) s'était furtivement déplacé jusqu'au boulevard de Maisonneuve.

Les quatre plaques de friction en laiton encore à la hauteur des yeux par les portes Ste-Catherine St sont totalement inaperçues. Certainement originales, les plaques étaient utilisées par des clients frappant leurs allumettes en bois en quittant le grand magasin du XIXe siècle. Les plaques identifiées en anglais uniquement par le mot
« allumette », les hommes (très peu de femmes fumaient publiquement à ce moment-là) allumeraient le feu pour leur cigarette, pipe, ou cigare en sortant du magasin, dans la rue.

Source : Robert N. Wilkins est un historien local et écrivain indépendant

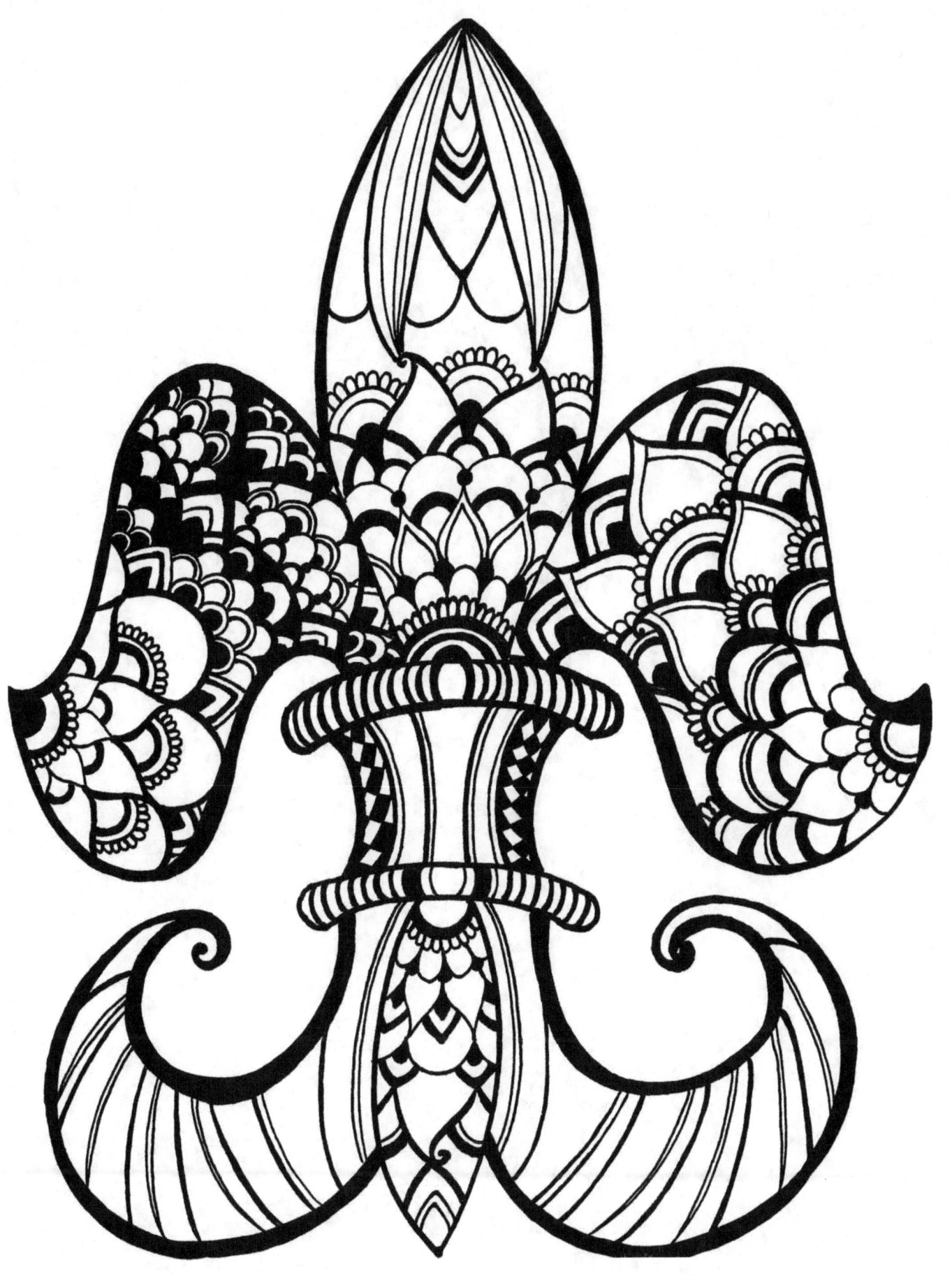

Fleur de lys

Symbole de la présence française en Amérique du Nord, la fleur de lys figure sur le drapeau du Québec depuis 1948. On la retrouve également sur celui de plusieurs communautés francophones du Canada et des États-Unis.

Fleur de Lys

Symbol of the French presence in North America, the Fleur-de-Lys has been on the Quebec flag since 1948. It is also found in many francophone communities in Canada and the United States.

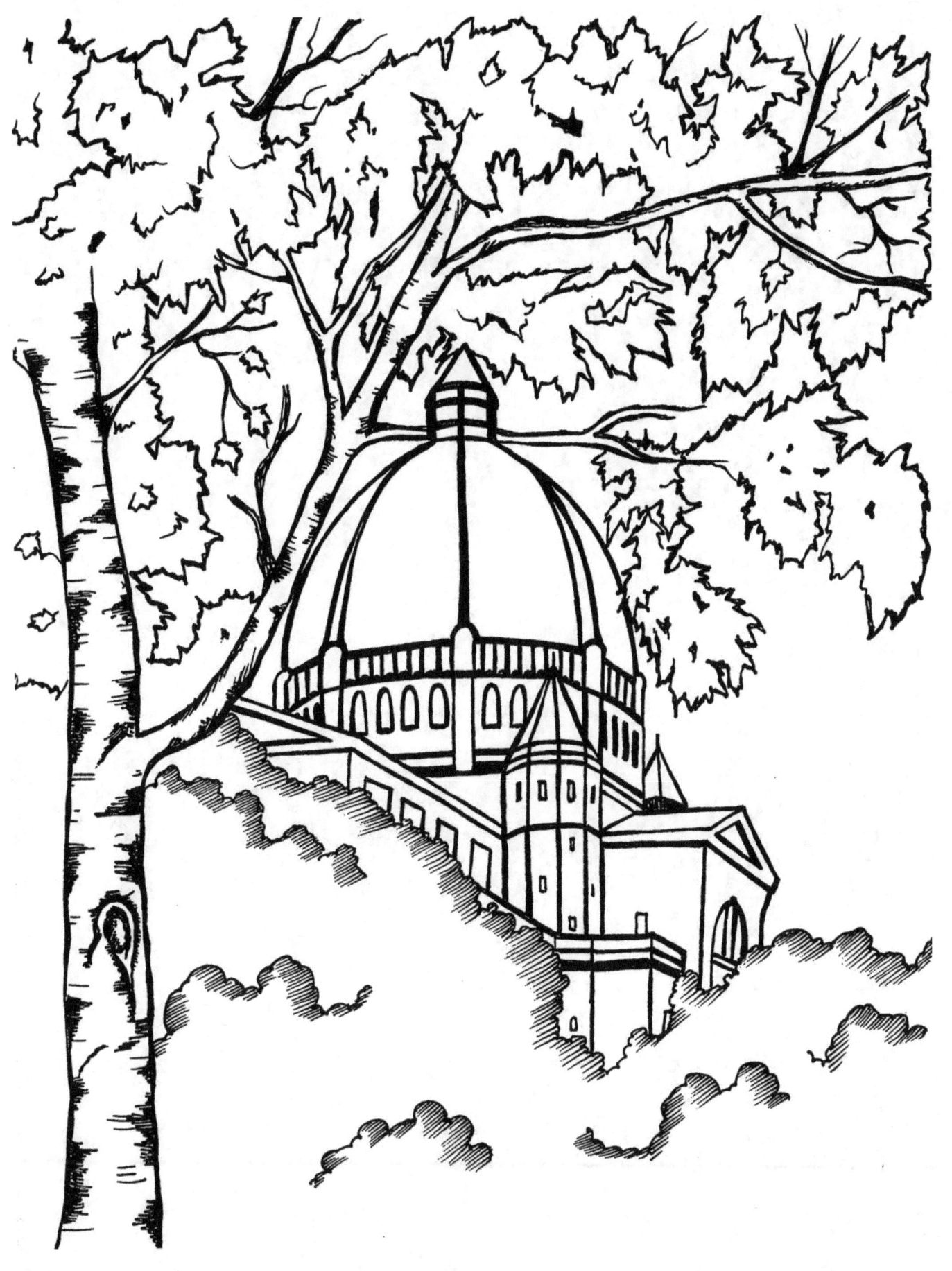

ST-JOSEPH ORATORY – ORATOIRE ST-JOSEPH

In 1924, the construction of the basilica of St. Joseph's Oratory began; it was finally completed in 1967.
The basilica is dedicated to Saint Joseph, to whom Brother André attributed all his miracles.

These were mainly related to a kind of healing power, and many pilgrims (disabled, blind, sick, etc.) In the basilica is exposed a wall covered with thousands of crutches of those who came to the basilica and who is been cured.

Pope John Paul II felt that miracles were authentic and that they had beatified brother André in 1982. In October 2010, Pope Benedict XVI recognized him as a saint.

A reliquary in the church museum contains the heart of Brother Andrew, he asked protection for the basilica.

More than 2 million visitors visit the Oratory each year.

It is located at 3800 Queen Mary Road in Côte-des-Neiges (between Côte-des-Neiges metro station and Snowdon metro station).

(Source: Wikipedia)

En 1924, la construction de la basilique de l'Oratoire Saint-Joseph a commencé ; il a finalement été achevé en 1967.
La basilique est dédiée à saint Joseph, à qui frère André a attribué tous ses miracles.

Celles-ci étaient principalement liées à une sorte de pouvoir de guérison, et de nombreux pèlerins (handicapés, aveugles, malades, etc.) ont afflué dans sa basilique, y compris de nombreux non-catholiques.

Dans la basilique est exposé un mur recouvert de milliers de béquilles de ceux qui sont venus à la basilique et qui auraient été guéris.

Le pape Jean-Paul II a estimé que les miracles étaient authentiques et ont béatifié frère André en 1982. En octobre 2010, le pape Benoît XVI a reconnu le frère André comme un saint.

Un reliquaire dans le musée de l'église contient le cœur de frère André, qui a demandé que la basilique soit protégée.

Plus de 2 millions de visiteurs et de pèlerins visitent l'Oratoire chaque année.

Il est situé au 3800, chemin Queen Mary, à Côte-des-Neiges (entre la station de métro Côte-des-Neiges et la station de métro Snowdon).

(Source Wikipedia)

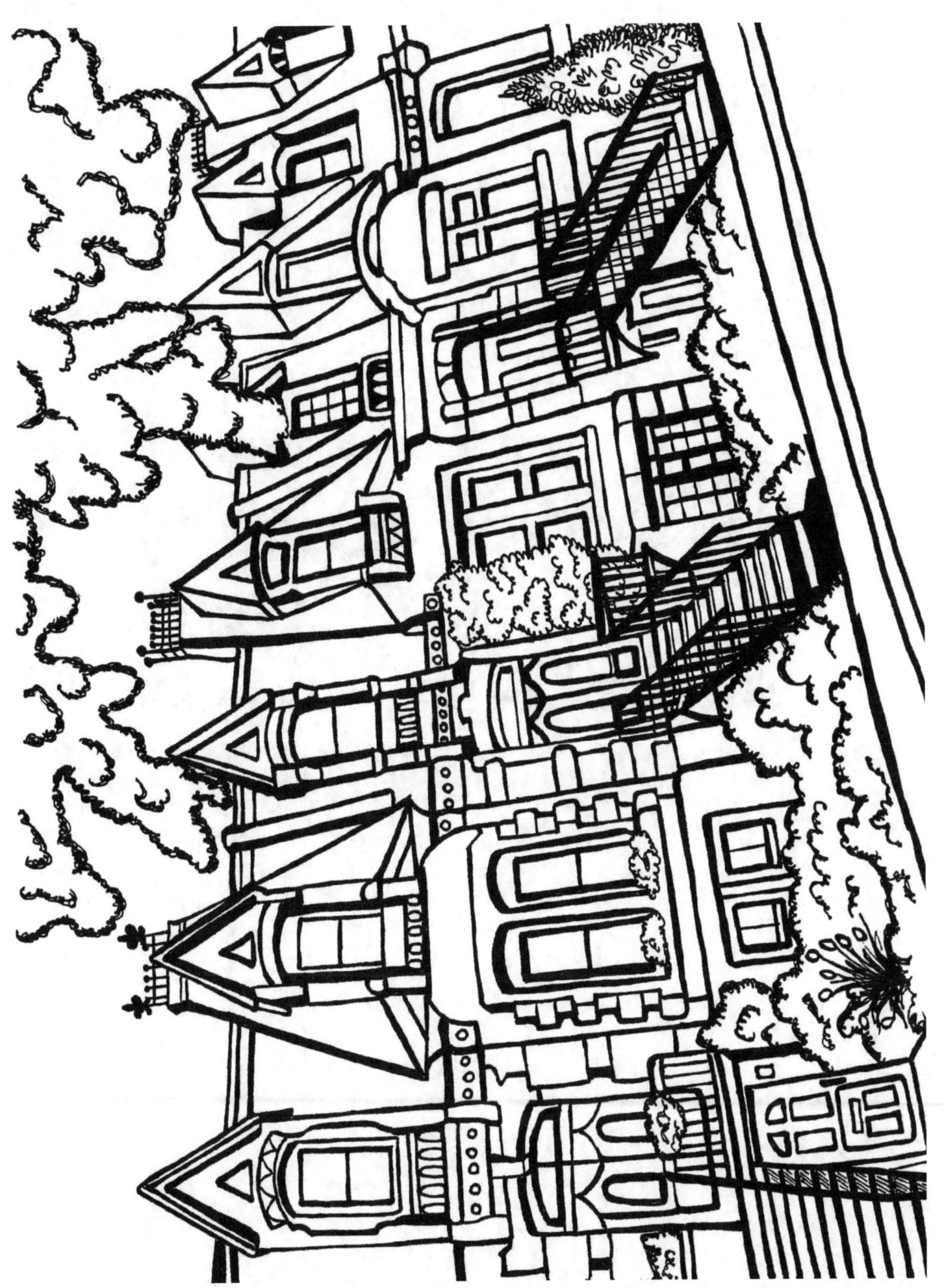

MILE END

This thriving creative community is the perfect place for a Mile End Montreal Food Tour, which will not only feature the best eateries but also secret back alleys, independently-owned shops, as well as cultural highlights. A well-rounded and mouth-watering tour that's well worth the price. www.localfoodtours.com

Catch a show: Mile End is home to not just one but two esteemed venues that welcome anything from comedy acts to music shows and circuses. Théâtre Rialto, on avenue du Parc, is a former movie palace — now a National Historic Site of Canada — dating back from 1923 famous for its lavish neo-baroque interior. Truly one of Montreal's most charming venues! Another option is the quirkier, peculiar Casa del Popolo on boulevard Saint-Laurent. "The house of the people" is equal parts vegetarian eatery, coffee shop, indie music venue, and art gallery, and an intimate one at that, with just 55 seats.

Pit Stop ate the BEST MICROBREWERY in Montreal: Why not treat yourself to a well-deserved pint at Canada's best microbrewery after all that walking? Dieu du Ciel is indeed Montreal's top craft brewery, having pushed the limits of beer since 1998 with audacious and inventive home brews inspired by Quebec's folklore.

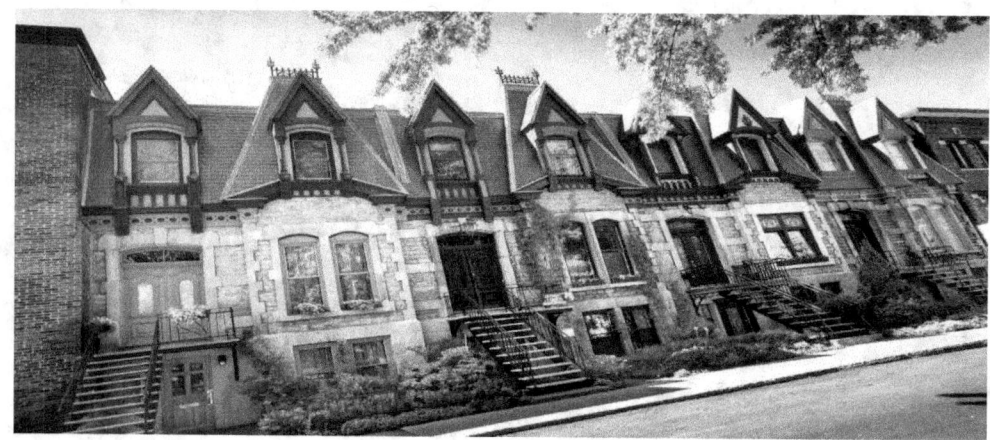

Cette communauté créative en plein essor est l'endroit idéal pour une tournée culinaire du Mile End à Montréal, qui comprendra non seulement les meilleurs restaurants, mais aussi des ruelles secrètes, des magasins indépendants ainsi que des attractions culturelles. Une tour bien arrondie et qui met l'eau à la bouche qui vaut bien le prix. www.localfoodtours.com/fr/montreal

Assistez à un spectacle: Mile End abrite non pas un mais deux comédies. Le théâtre Rialto, sur l'avenue du Parc, est un ancien palais de cinéma - maintenant un lieu historique national du Canada - datant de 1923 et réputé pour son intérieur néo-baroque somptueux. Vraiment l'un des plus charmants de Montréal à venir! Une autre option est la bizarre et singulière Casa del Popolo sur le boulevard Saint-Laurent. "La maison du peuple" est à la fois un restaurant végétarien, un café, une salle de musique indépendante, une galerie d'art et un espace intime, avec seulement 55 sièges.

Une petite bière? La Micro Brasserie Dieu du Ciel : pourquoi ne pas vous offrir une pinte bien méritée dans la meilleure microbrasserie du Canada après avoir marché? Elle est en effet la meilleure brasserie artisanale de Montréal, ayant repoussé les limites de la bière avec des brasseries maison audacieuses et inventives inspirées du folklore québécois.

(**Source**: www.toeuropeandbeyond.com/mile-end-montreal si vous voulez en savoir plus)

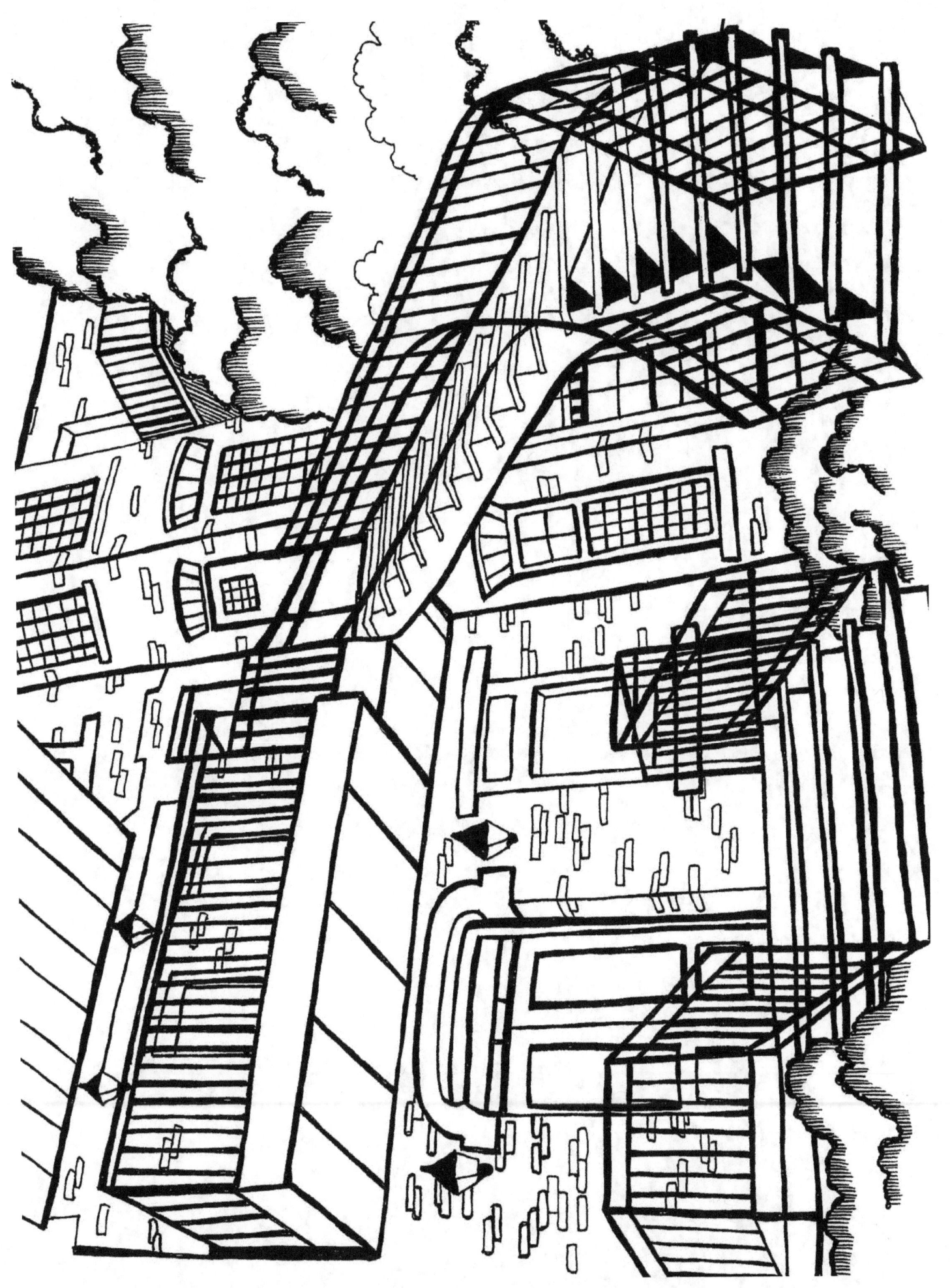

Montreal's unique stairs – Les escaliers uniques de Montréal

Largely unseen in any other North American city, outdoor staircases are entirely unique to Montreal. But as aesthetically pleasing as the iron staircases are, you've no doubt noted their impractical nature, especially in a city when the stairs are covered by a thick layer of ice for half of the year.

And that's where the mystery of Montreal's outdoor staircases begins, a conundrum we're going to try and solve, even though it's something of a fruitless effort. Because no matter what, we can't go into the brains of builders in the early 1900s who built most of the exterior staircases found in Montreal, but we CAN speculate.

But before we delve into the myriad of possible reasons why Montreal has outdoor staircases, it's important to note and discuss another architectural feature of the city they are intrinsically linked to, namely plexes. A "plex," for those who aren't familiar with residential building terminology, is basically just a building with two or more stacked living units. Duplexes refer to a building with two apartments, triplexes for three, quadruplex for four, and so on. Actually, the "plex" term tends to stop at the four mark, but you get it.

Anyone familiar with residential living options in Montreal knows how the plex-format is pretty much the standard; plexes are the most popular form of housing in Montreal.

And anytime you see a plex, there is an outdoor staircase seen stretching from second-floor apartments and onto the street in such buildings. Outdoor staircases and plexes are a packaged deal, a fact that helps to explain most of the theories found below. (more of this article later in the book)

Largement invisibles dans toute autre ville nord-américaine, les escaliers extérieurs sont entièrement uniques à Montréal. Mais aussi esthétiques que les escaliers de fer sont, vous avez sans doute noté leur nature peu pratique, surtout dans une ville où les escaliers sont recouverts d'une épaisse couche de glace pendant la moitié de l'année.

Et c'est là que commence le mystère des escaliers extérieurs de Montréal, un casse-tête que nous allons essayer de résoudre, même s'il s'agit d'un effort infructueux. Parce que peu importe, au début des années 1900, nous ne pouvons pas entrer dans le cerveau des constructeurs qui ont construit la plupart des escaliers extérieurs de Montréal, mais nous POUVONS spéculer.

Mais avant de plonger dans la myriade de raisons possibles pour lesquelles Montréal a des escaliers extérieurs, il est important de noter et de discuter d'une autre caractéristique architecturale de la ville à laquelle ils sont intrinsèquement liés, à savoir les plex. Un «plexe», pour ceux qui ne sont pas familiers avec la terminologie des bâtiments résidentiels, est essentiellement un bâtiment avec deux unités d'habitation superposées. Les duplex se réfèrent à un immeuble avec deux appartements, des triplex pour trois, un quadruplex pour quatre, etc. En fait, le terme "plex" a tendance à s'arrêter à la marque quatre, mais vous l'obtenez.

Toute personne familière avec les options de vie résidentielle à Montréal sait comment le format plex est à peu près la norme; Les plex sont la forme de logement la plus populaire à Montréal.

Et chaque fois que vous voyez un plex, il y a un escalier extérieur vu s'étendant des appartements du deuxième étage et dans la rue dans de tels bâtiments. Les escaliers et les plexes extérieurs sont une affaire emballée, un fait qui aide à expliquer la plupart des théories trouvées ci-dessous.

(suite un peu plus loin...)

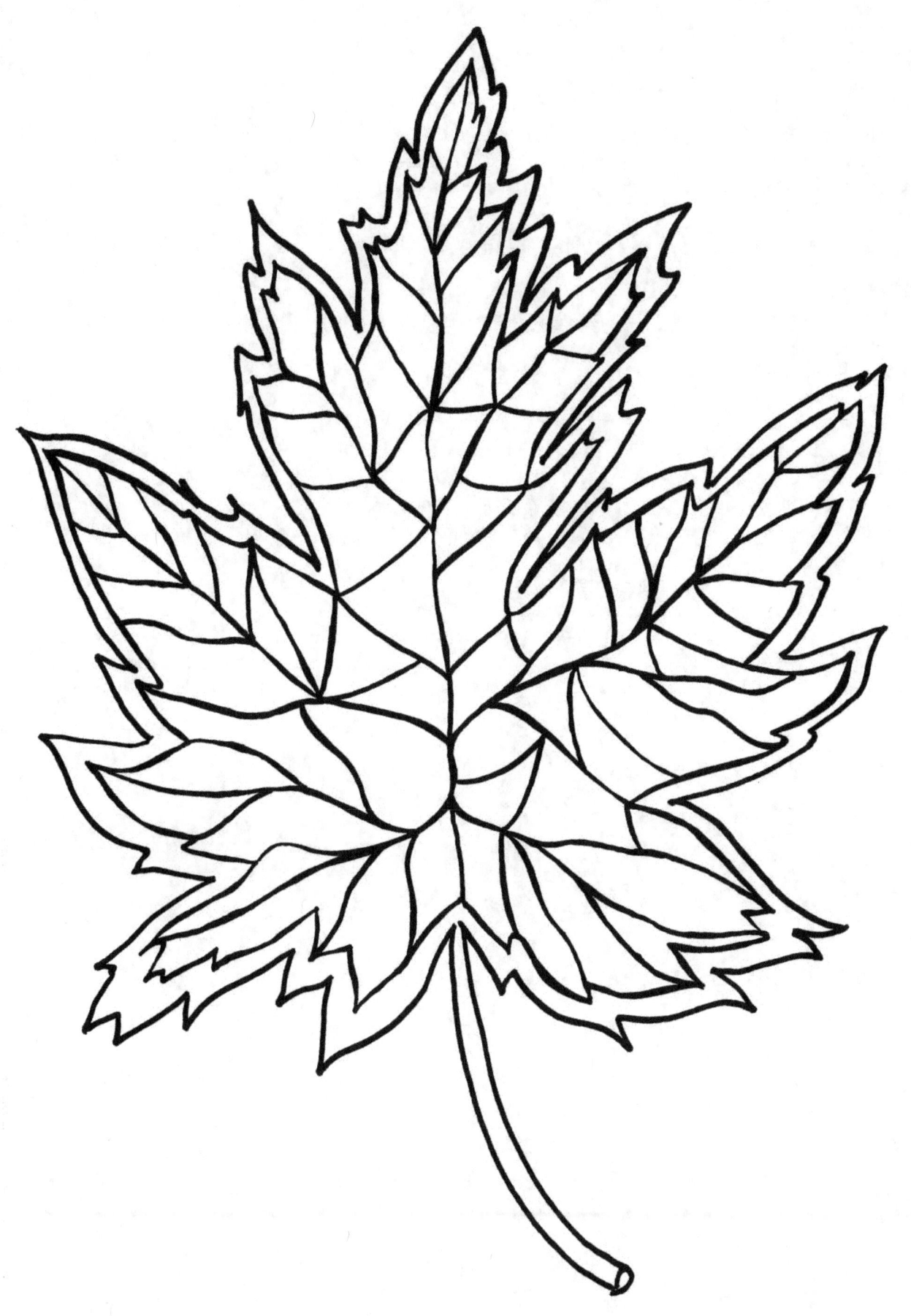

SAVIEZ-VOUS? DID YOU KNOW?

Montréal est une ville design de l'UNESCO

Le Réseau des villes créatives de l'UNESCO a été mis sur pied en 2004 pour promouvoir la coopération avec et entre les villes ayant identifié la créativité comme un facteur stratégique du développement urbain durable. Montréal a été nommée dans la catégorie « design ».

Montreal is a UNESCO Design City

The UNESCO Creative Cities Network was established in 2004 to promote cooperation with and between cities that have identified creativity as a strategic factor in sustainable urban development. Montreal has been named in the "design" category.

Montréal n'a pas de gratte-ciel

Alors que d'autres villes se précipitent pour battre des records pour les grands immeubles, Montréal se contente de laisser sa beauté naturelle prendre le devant de la scène. La colline au milieu de la ville, appelée Mont-Royal, mesure 233 mètres de haut et offre de nombreux points d'observation sur les quartiers montréalais. Selon **plan d'urbanisme de la Ville**, « aucun immeuble ne pourra dépasser la hauteur du sommet de la montagne ».

Montreal does not have a skyscraper

While other cities are rushing to break records for large buildings, Montreal is content to let its natural beauty take center stage. The hill in the middle of the city, called Mount Royal, is 233 meters high and offers many observation points on Montreal neighborhoods. According to the city's master plan, "no building will be able to exceed the height of the summit of the mountain".

L'un des accords environnementaux les plus réussis au monde s'est conclu à Montréal

Signé en 1987, Le Protocole de Montréal est un traité international visant à protéger la couche d'ozone en éliminant la production de nombreuses substances responsables de son appauvrissement. « Le Protocole de Montréal est l'accord environnemental international le plus réussi jamais mis en œuvre. » C'est ce que Margaret Heffernan a déclaré dans sa conférence TED, **Forget the pecking order at work**.

One of the most successful environmental agreements in the world concluded in Montreal

Signed in 1987, the Montreal Protocol is an international treaty to protect the ozone layer by eliminating the production of many of the substances responsible for its depletion. "The Montreal Protocol is the most successful international environmental agreement ever implemented. That's what Margaret Heffernan said in her TED talk, Forget the pecking order at work.

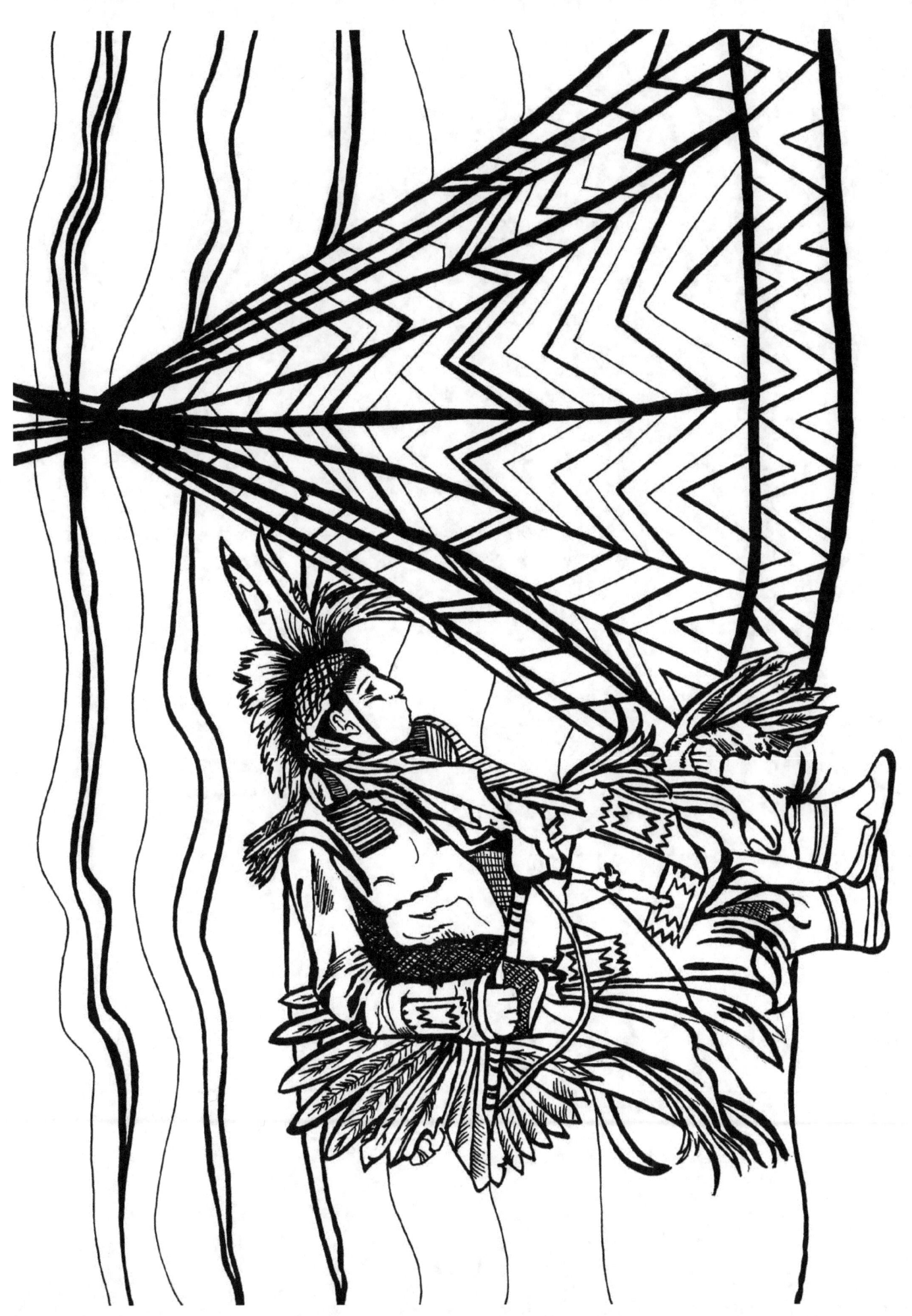

*Les autochtones du Québec sont les héritiers reconnus des premiers cultures développes dans le territoire de l'actuel **Québec** au **Canada**.*

*La plus part des autochtones du Québec sont répartis dans 55 communautés. Avec une population totale de 182 890 personnes en 2016, ils forment 2,3 % de la **population totale de la province**.*

Ces communautés sont regroupées dans différentes nations unies par leur langue, leur culture et leur histoire.

*Ces nations appartiennent à l'un des trois grands peuples. Les langues autochtones du Québec se répartissent aussi en trois **familles linguistiques** qui correspondent aux trois peuples :*

- *les **langues algonquiennes** (**Algonquiens**),*
- *les **langues iroquoiennes** (**Iroquoiens**) et*
- *les **langues eskimo-aléoutes** (les **Inuits**).*

*Parmi les Algonquiens, on distingue généralement les **Algonquins**, les **Weskarinis**, les **Atikamekw**, les **Cris**, les **Innus** et les **Naskapis** au nord, ainsi que les **Abénakis**, les **Malécites** et les **Micmacs** à l'est.*

*De leur côté, les Iroquoiens incluent les **Mohawks** et les **Hurons**. Le peuple inuit forme une seule nation.*

*Les autochtones reconnus au Québec sont politiquement et collectivement représentés par l'**Assemblée des Premières Nations du Québec et du Labrador** (APNQL) pour les **Amérindiens**, et par le **Kativik** et la **Société Makivik** pour les **Inuits** et la **Nation naskapie de Kawawachikamach**.*

Cris de Chisasibi

*L'ensemble du territoire **québécois** peut être divisé entre les neuf nations amérindiennes et la nation inuite.*

Native American people in Quebec are the recognized heirs of the first cultures developed in the territory of present-day Quebec in Canada.

Most of the native people of Quebec are in 55 communities. With a total population of 182,890 people in 2016, they make up 2.3% of the total population of the province. These communities are grouped together in different nations by their language, culture and history. These nations belong to one of the three great peoples.

The Aboriginal languages of Quebec are also divided into three linguistic families that correspond to the three peoples:

• Algonquian languages (Algonquians),

• Iroquoian languages and

Eskimo-Aleut languages (Inuit). Among the Algonquians, Algonquins, Weskarinis, Atikamekw, Cree, Innu and Naskapi are generally found in the north, and Abenaki, Maliseet and Mi'kmaq in the east. For their part, the Iroquoians include the Mohawks and the Hurons. The Inuit people are one nation. Recognized Aboriginal people in Quebec are politically and collectively represented by the Assembly of First Nations of Quebec and Labrador (AFNQL) for Native Americans, and by the Kativik and Makivik Corporation for Inuit and the Naskapi Nation of Kawawachikamach. **Cree of Chisasibi** . The entire Quebec territory can be divided between the nine Amerindian nations and the Inuit nation.

(Source:Wikipedia)

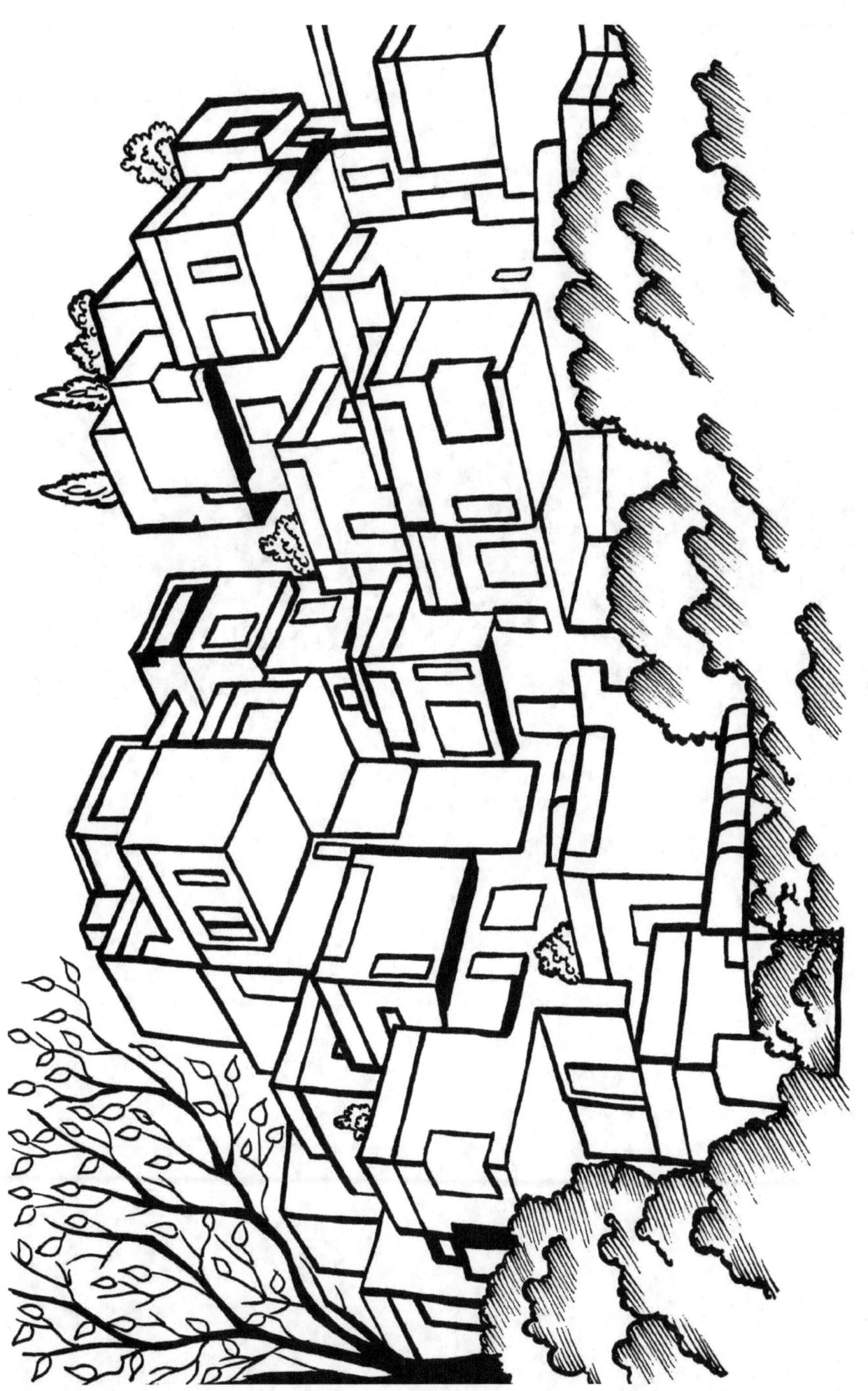

HABITAT 67

Habitat 67, or simply Habitat, is a model community and housing complex in **Montreal, Quebec**, Canada, designed by **Israeli/Canadian** architect **Moshe Safdie**.

It was originally conceived as his master's thesis in architecture at **McGill University** and then built as a pavilion for **Expo 67**, the **World's Fair** held from April to October 1967.

It is located at 2600 Avenue Pierre-Dupuy on the Marc-Drouin Quay next to the **Saint Lawrence River**.

Habitat 67 is widely considered an architectural **landmark** and one of the most recognizable and spectacular buildings in both Montreal and Canada. In 2017, **Canada Post** issued a commemorative stamp for the 50th anniversary of Expo 67 featuring the structure.

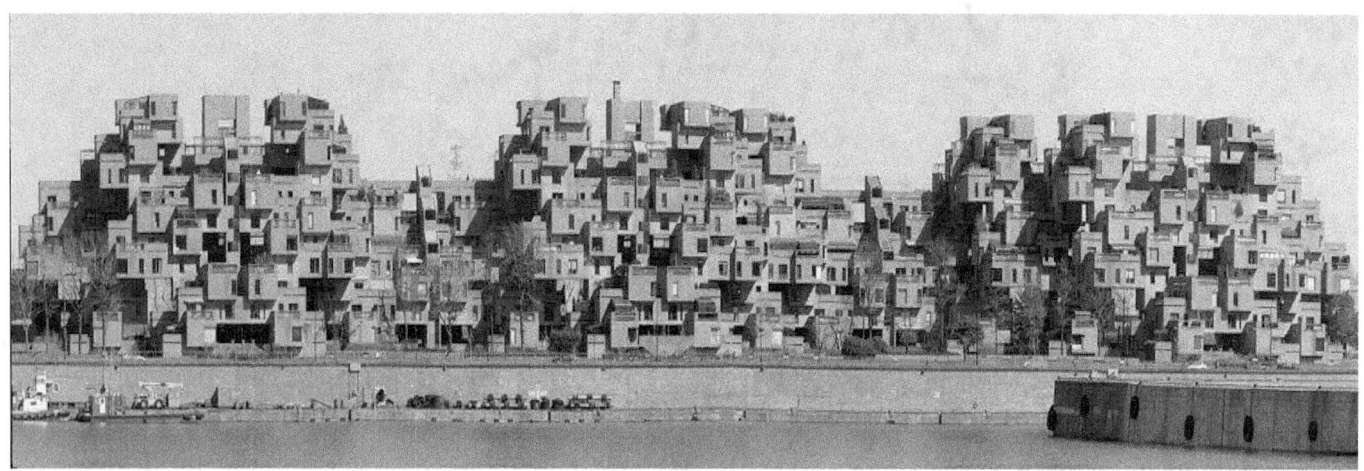

Habitat 67, ou simplement Habitat, est une communauté modèle et un ensemble de logements à Montréal, Québec, Canada, conçu par l'architecte israélien Moshe Safdie.

À l'origine, il était conçu comme un mémoire de maîtrise en architecture à l'Université McGill, puis comme pavillon de l'Expo Expo, l'exposition mondiale d'avril à octobre 1967.

Il est situé au 2600, avenue Pierre Dupuy, sur le quai Marc-Drouin, près du fleuve Saint-Laurent.

Habitat 67 est un monument et l'un des édifices les plus reconnaissables et spectaculaires de Montréal et du Canada. En 2017, Postes Canada a émis un timbre commémoratif pour le 50e anniversaire d'Expo 67 mettant en vedette la structure.

(Source : Wikipedia)

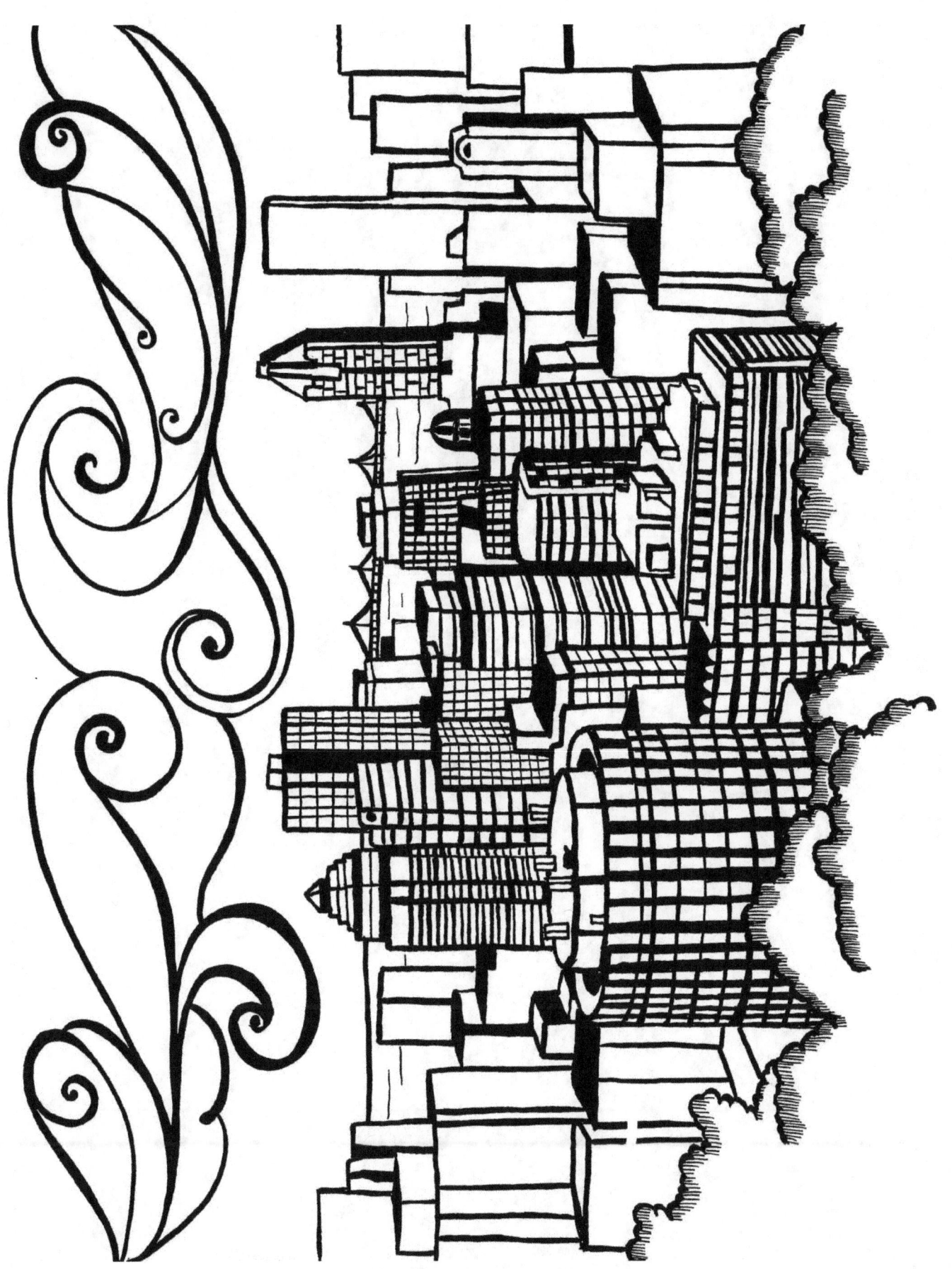

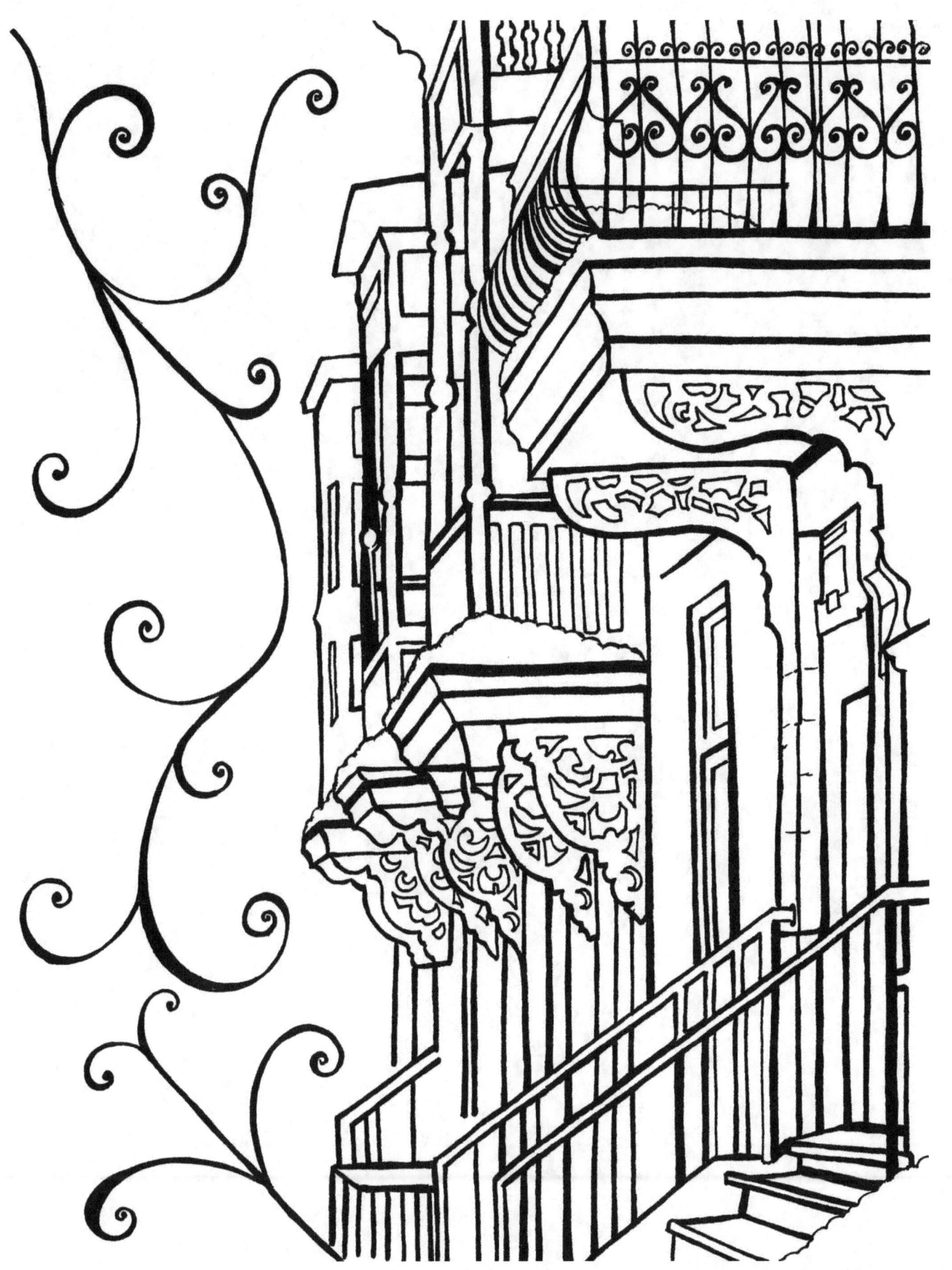

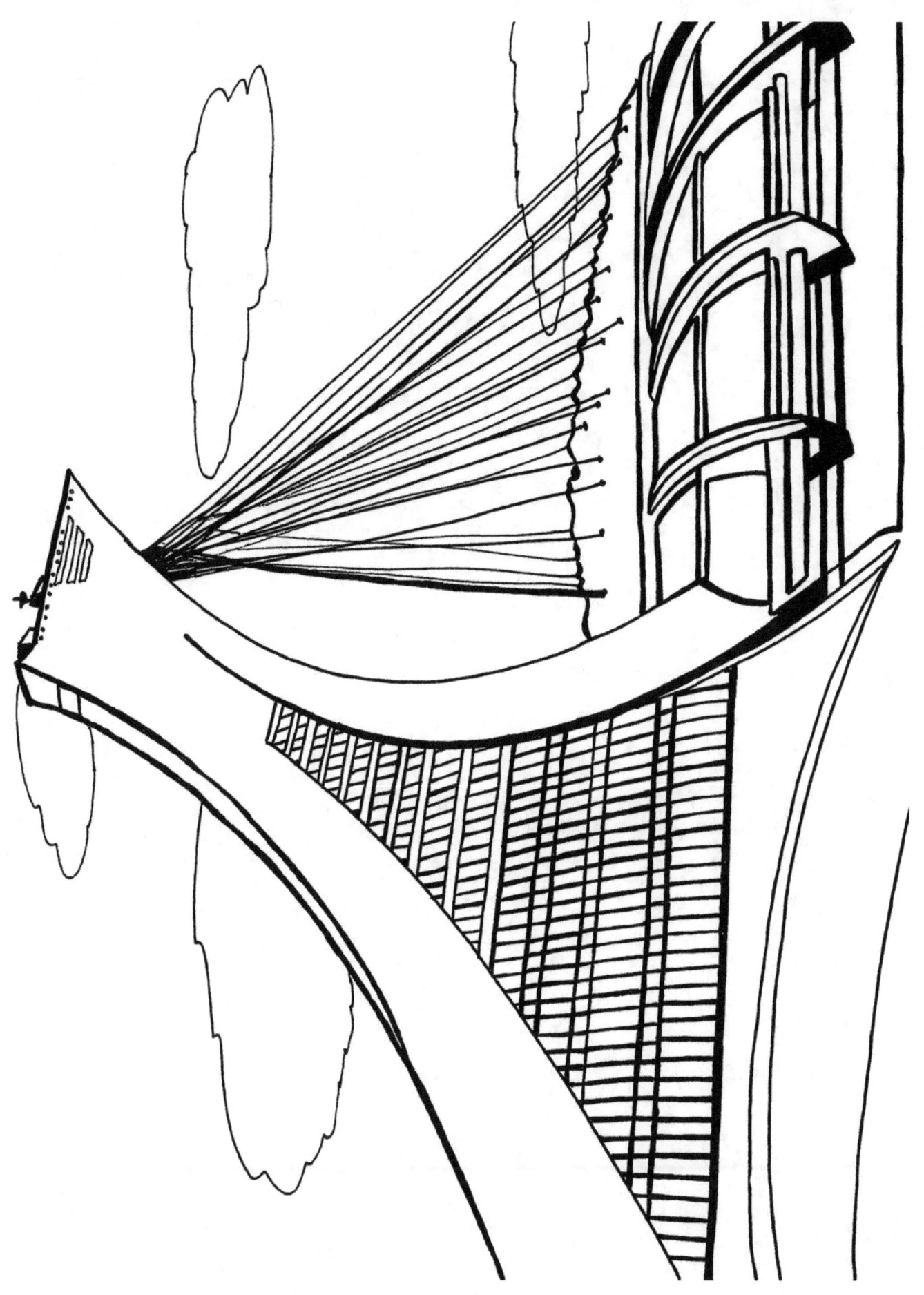

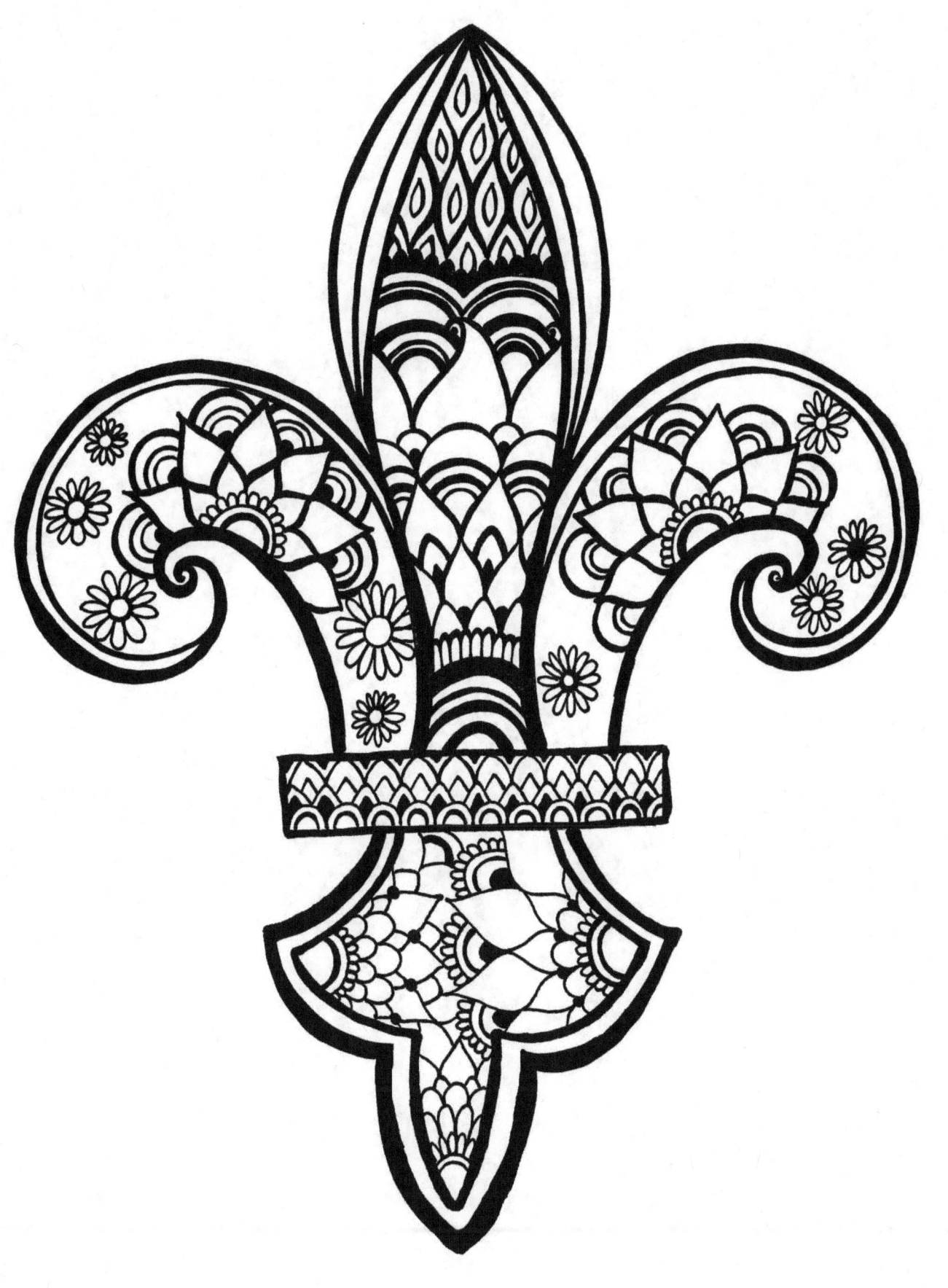

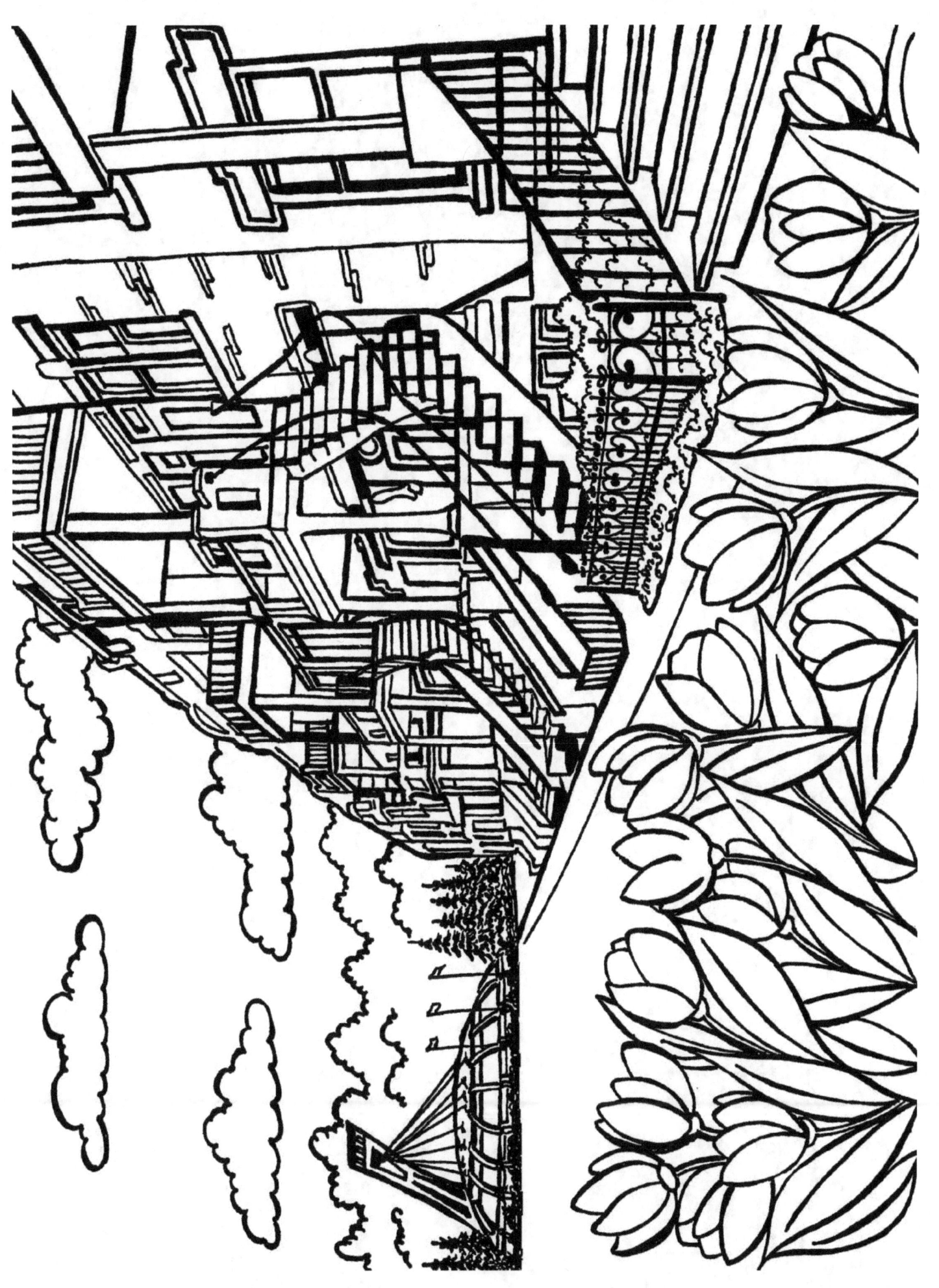

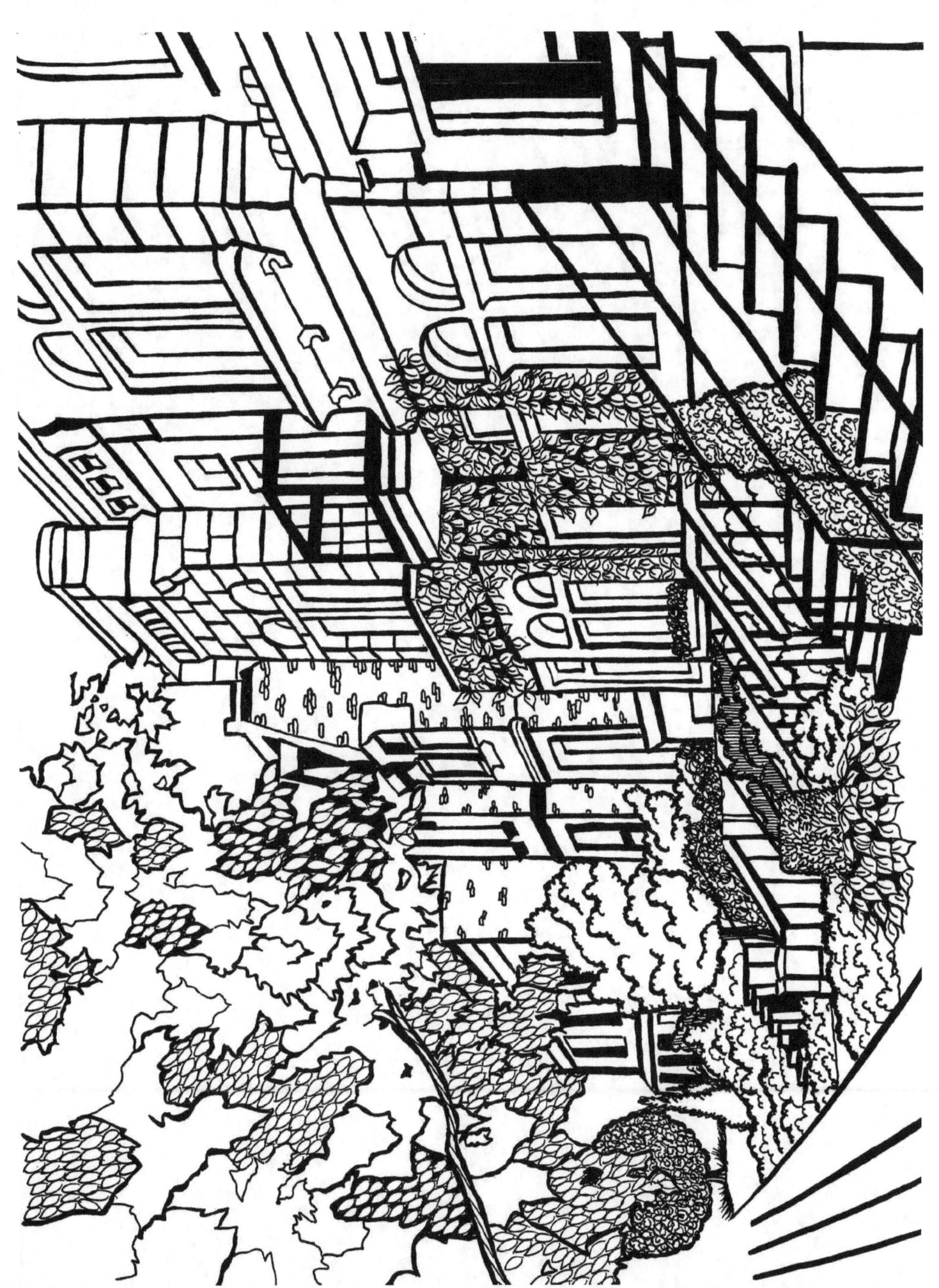

These New Montreal Restaurants Ranked "Best" in Canada   (Source: www.mtlblog.com)

Elena

Craving a delicious pizza? Look no further than this delicious Italian restaurant. Serving up pasta and pizza alike, with delectable pizzas like their classic margherita or their "Jimmy Conway"- with tomato, salsiccia, rapini, and provolone.

Location: 5090 Notre-Dame St W   https://www.coffeepizzawine.com/elena

Hopkins

Modern, stylish and oh so elegant is the best way to describe this incredible restaurant. Let your taste buds run wild with beautiful crafted dishes such as their duck ravioli injected with egg yolk, or their braised boar flank. Oh and did I mention that their dishes are not only tasty, but beautiful platted as well?

Location: 5626 Monkland Ave   www.restauranthopkins.com

Vin Mon Lapin

Step into an oasis inside this restaurant! Decorated with plants and flowers, you'll feel like you're in another world. Try one of their delicious salads- with endives, caramelized pumpkin seeds, pickled elderberries and shaved foie gras.

Location: 150 rue Saint-Zotique E.   vinmonlapin.com

Bistro Rosie

Light, airy and bright is the best way to describe this restaurant. A more "low-key" restaurant, with amazing food. Try their homegrown sorrel and confit ginger. Perfect place to go with your friends this weekend.

Location: 1498 rue Bélanger   www.facebook.com/Bistro-rosie

Restaurant Roberto *(Source: creator of this book)

*Another suggestion for authentic Italian food in the Heart of Little Italy *

This place is a gem, the service is exceptional, and you feel like you've been invited to an Italian family home for supper and you are part of the family. The food is simply delicious!

Location: 2221 rue Bélanger Est, 2nd Floor   www.restaurantroberto.com

BON APPÉTIT!!

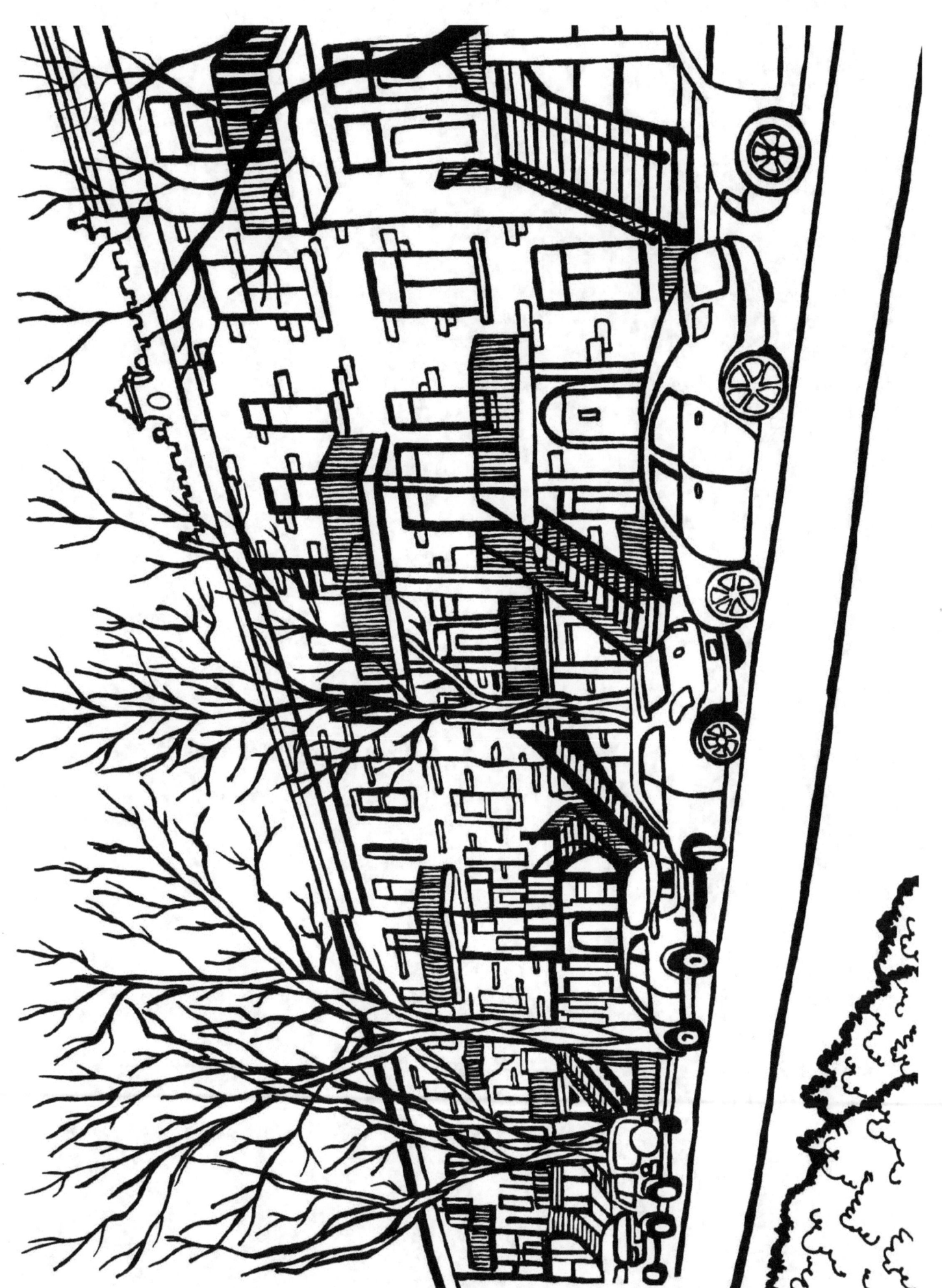

(Continued)

A mixing of cultures

The plex-format of buildings is something of a cultural fusion, noted David Hanna, a professor of geography at UQAM. Back in the 19th century, Scottish immigrants came into the city and brought with them the practice of piling residences atop each other. At the same time French-Canadians settlers came from the countryside into the city and utilized exterior stairways to link floors of their rural homes. Eventually the cultural architectural practices would fuse, resulting in the practice of individual outdoor staircases attached to each apartment in a plex.

Building Space Setbacks

When new housing units began popping up in the early 20th century, the City of Montreal enforced some regulations that limited the amount of distance between the foundation of a building and the sidewalk. This was done to ensure streets weren't crowded, but it also limited the amount of space available to an apartment unit. So, in order to free up some room, builders did away with indoor staircases and instead put them on the outside, thus providing more room without breaking any building regulations.

To Keep Montreal Clean

A catalyst for the building regulation forcing buildings to be a certain distance away from the street could have been sanitation concerns. Montreal's sanitation-situation was so bad in the early 1900s that the city was deemed a "hygienic disgrace to civilization." Dinu Bumbaru, a director at Heritage Montreal, has linked this sanitation concern to the by-law forcing buildings to be further away from the street, which then led to the practice of installing exterior stairways in order to free up space inside of each apartment.

The Frugal Landlord

One very real reason for Montreal's many staircases may be attributed to the very human desire of saving money. Landlords, you see, are responsible for heating all "common areas" of a building, and that extends to staircases. So, in order to save some cash, some theorize that landlords (or the original builders) built external staircases to circumvent that cost.

An Influx Of Rural Immigrants

Montreal experienced a serious population boom during the late 19th and early 20th century, exactly around the time when outdoor staircases started popping up. Many of the newcomers to the city, as already mentioned, were from rural areas, and wanted to retain the same "feel" of their country homes in their new urban setting. In order to do so, they built homes that had their own entranceway, despite the fact that it was above or below another dwelling, using an exterior stairway to reinforce that aesthetic.

Because The Church

Throwing away all of the economic and cultural factors that may have led to Montreal's abundance of exterior stairways, there is the very real possibility that religion was the driving factor behind the building practice. You see, a private, enclosed staircase would have been regarded as a space where any number of sins could go down, like a torrid love affair between a mail man and a married woman. So, in order to suppress potential sinful acts, outdoor staircases that everyone could see (and judge you upon) were encouraged by the Catholic church.

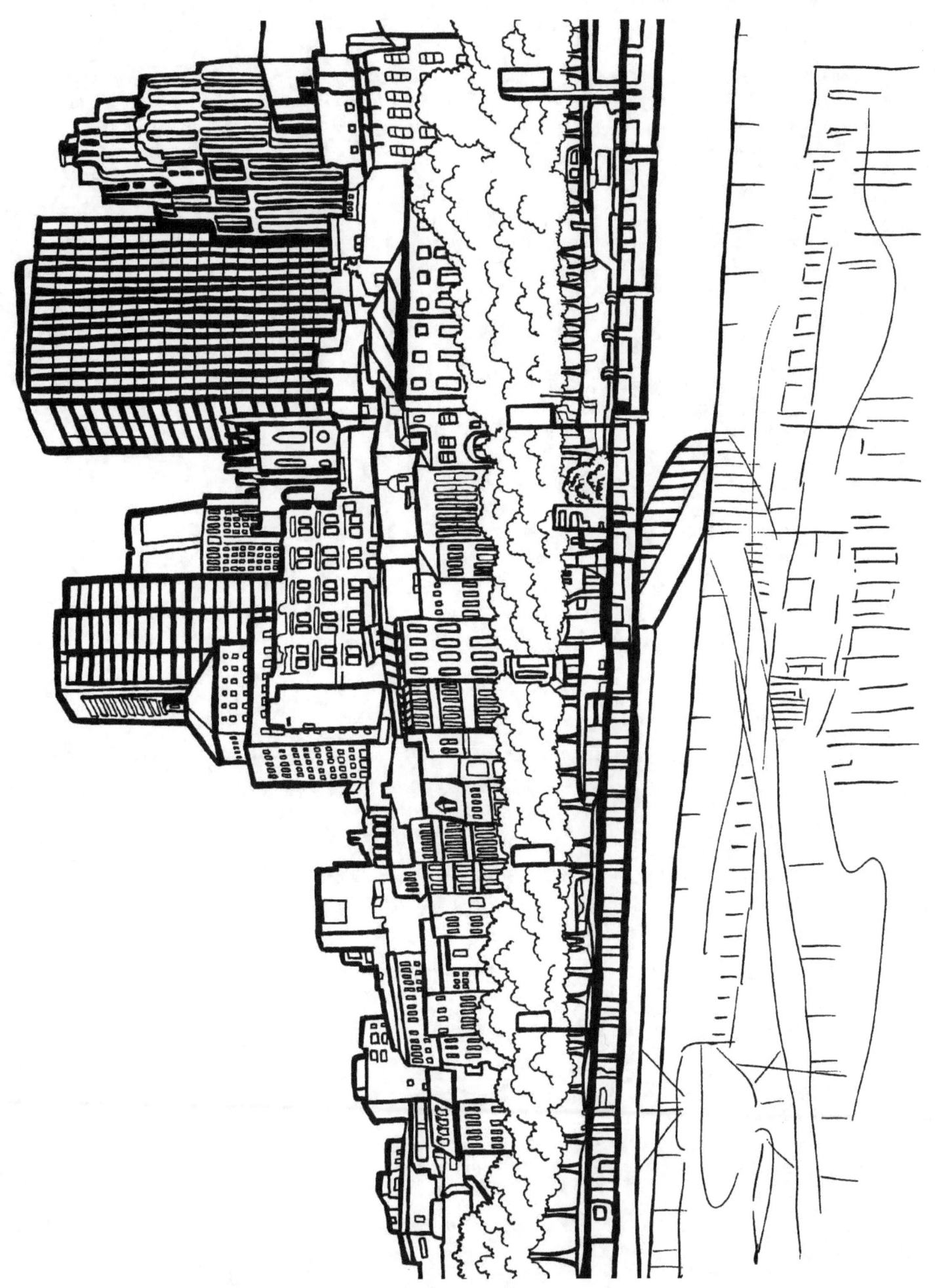

Montréal est une ville portuaire

*Le port de Montréal est l'un des plus grands ports fluviaux du monde où transitent annuellement 26 millions de tonnes de marchandises. Il est un point de transbordement pour les céréales, le sucre, les produits pétroliers, la machinerie et les biens de consommation. Montréal est le carrefour ferroviaire du Canada et le siège social de la **Compagnie des chemins de fer nationaux du Canada**.*

Montreal is a port city

The Port of Montreal is one of the largest river ports in the world, carrying 26 million tons of goods annually. It is a trans-shipment point for grains, sugar, petroleum products, machinery and consumer goods. Montreal is the railway hub of Canada and the head office of the Canadian National Railway Company.

Montréal a été le théâtre de certains de vos films préférés

L'industrie cinématographique fournit environ 35 000 emplois directs, et plus de 600 films sont tournés chaque année à Montréal — y compris certains films à grand succès hollywoodiens. Des films comme Blades of Glory, L'histoire de Pi, Batman & Robin, Le violon rouge, Arrête-moi si tu peux, L'aviateur, Le curieux cas de Benjamin Button et X-Men ont tous été tournés à Montréal !

Montreal was the scene of some of your favorite movies

The film industry provides approximately 35,000 direct jobs, and more than 600 films are filmed each year in Montreal - including some hit Hollywood movies. Movies like Blades of Glory, The Story of Pi, Batman & Robin, The Red Violin, Stop Me If You Can, The Airman, The Curious Case of Benjamin Button and X-Men have all been shot in Montreal!

Montréal aime apprendre

Avec quatre universités, sept autres établissements d'enseignement supérieur et 12 collèges (appelés Cégeps) dans un rayon de huit kilomètres, Montréal compte la plus forte concentration d'étudiants de toutes les grandes villes d'Amérique du Nord (4,38 étudiants pour 100 habitants, suivie par Boston avec 4,37 étudiants pour 100 abitants).

Montreal loves to learn

With four universities, seven other institutions of higher learning and 12 colleges (called Cégeps) within eight kilometers, Montréal has the highest concentration of students from all major cities in North America (4.38 students per year for 100 inhabitants, followed by Boston with 4.37 students per 100 inhabitants).

Le monde se réunit à Montréal

Montréal est l'une des trois villes nord-américaines où se trouvent des organismes des Nations Unies (avec Washington, D.C. et New York) et compte le deuxième plus grand nombre de consulats internationaux sur le continent.

The world meets in Montreal

Montreal is one of three North American cities with United Nations agencies (Washington, DC, New York) and the second largest number of international consulates on the continent.

Source: **https://blog.mtl.org/fr/10-choses-que-vous-ne-saviez-pas-propos-de-montreal**

About You-Color and Nancy Béliveau, Artist and CEO:

Over years of working in a corporate environment in Montreal, Nancy discovered the benefits of coloring to relax and recharge from the go-go demands of work and a modern lifestyle. As an artist, Nancy was soon creating her own art for others to color and enjoy the benefits from the activity of coloring Finally, she left her corporate job to establish You-Color. This way she can respond to a growing demand for her coloring books. Today, you can find many of her coloring books on Amazon.com

À propos de You-Color et de Nancy Béliveau, artiste et chef de l'entreprise:

Au cours de nombreuses années à travailler au sein d'une entreprise corporative montréalaise, Nancy a découvert les avantages de l'activité du coloriage pour adultes, comme moyen de se détendre et de se ressourcer afin de faire face aux exigences du travail et à un style de vie moderne. En tant qu'artiste, Nancy a rapidement créé ses propres œuvres pour que les autres puissent les colorier et apprécier les bénéfices de cette activité - Finalement, elle a quitté son travail pour créer You-Color afin de répondre à la demande croissante pour ses livres à colorier. Aujourd'hui, vous pouvez trouver plusieurs de ses livres à colorier sur Amazon.com.

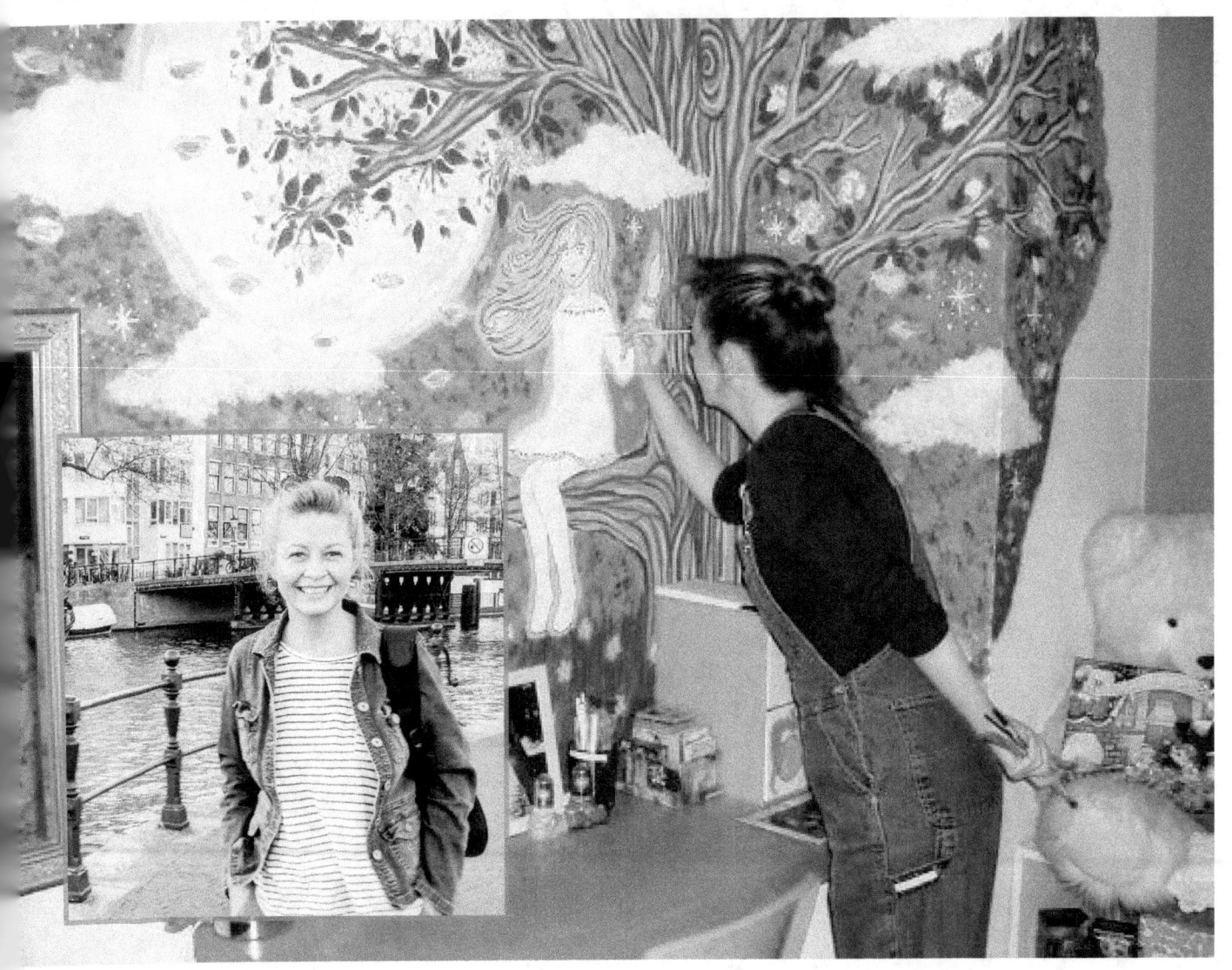

www.ingramcontent.com/pod-product-compliance
Lightning Source LLC
Chambersburg PA
CBHW062343220526
45469CB00008B/2826